DE LA QUADRUPLE RACINE
DU PRINCIPE
DE RAISON SUFFISANTE

À LA MÊME LIBRAIRIE

SCHOPENHAUER A., *De la quadruple racine du principe de raison suffisante*. Édition complète (1813-1847), présentation, traduction, notes et commentaires par F.-X. Chenet, avant-propos et commentaires de M. Piclin, 1991, 370 pages

– *Le sens du destin. Spéculation transcendante sur l'intentionnalité apparente dans le destin de l'individu*, (extraits de *Parerga*) – *De l'éthique* (extrait de *Paralipomena*), introduction, traduction et notes par M.-J. Pernin-Segissement, 2009, 174 pages.

– *Textes sur la vue et sur les couleurs. Extraits de la correspondance – Sur la théorie des couleurs*, introduction, traduction et notes par M. Elie, 1986, 198 pages.

BONNET Ch. et SALEM J. (éd.), *La raison dévoilée. Études schopenhaueriennes*, 2005, 256 pages.

LEFRANC J., *Schopenhauer penseur «fin de siècle»*, 2000, 32 pages.

MÉRY M., *Essai sur la causalité phénoménale selon Schopenhauer*, 1948, 72 pages.

PHILONENKO A., *Schopenhauer, Une philosophie de la tragédie*, 1980, 272 pages.

BIBLIOTHÈQUE DES TEXTES PHILOSOPHIQUES

Fondateur : Henri GOUHIER   Directeur : Jean-François COURTINE

A. SCHOPENHAUER

DE LA QUADRUPLE RACINE DU PRINCIPE DE RAISON SUFFISANTE

DEUXIÈME ÉDITION
(FRANCFORT, 1847)

Présentation, traduction et notes
par
François-Xavier CHENET

PARIS
LIBRAIRIE PHILOSOPHIQUE J. VRIN
6, Place de la Sorbonne, V e
2013

© *Librairie Philosophique J. VRIN*, 1997, 2008
Imprimé en France
ISSN 0249-7972
ISBN 978-2-7116-1325-0

www.vrin.fr

PRÉSENTATION

Le projet de la *Dissertation sur la quadruple racine du principe de raison suffisante* paraît à première vue modeste : *faire en sorte que la philosophie gagne en distinction et en précision.*

« Si je parviens à montrer que le principe sur lequel porte cette enquête ne découle pas immédiatement d'*une* mais d'abord de *plusieurs* connaissances fondamentales de notre esprit, il s'ensuivra que la nécessité *a priori* qui est la sienne n'est pas non plus *une* et partout *la même*, mais qu'elle est aussi diverse que les sources du principe lui-même. Qui fondera alors un raisonnement sur ce principe, sera tenu de déterminer précisément sur laquelle des nécessités diverses servant de fondement au principe il s'appuie et de lui attribuer un nom propre (comme ceux que je proposerai). La philosophie y gagnera ainsi un peu, je l'espère, en distinction et en précision. » (Cf. § 3 A et B).

Les premiers lecteurs de ce texte n'ont guère vu au-delà de ce *but que leur indiquait Schopenhauer lui-même* ; ils se bornés – à commencer par son ancien maître de Göttingen, G.E. Schulze, dont Schopenhauer sollicita l'avis – à s'interroger sur la pertinence, l'opportunité, la nouveauté réelle des distinctions faites entre les acceptions du principe (cf. l'étude de réception menée dans notre édition complète de la *Dissertation*, p. 312 sq), sans jamais *soupçonner* l'enjeu final. Ils ont l'excuse que le sous-sol de l'édifice ne leur est ni présenté *ex professo*, ni même suggéré : les endroits où il affleure sont trop rares (encore qu'on puisse en dénombrer au moins huit) et trop allusifs, pour révéler suffisamment les préoccupations qui sont à la source de la *Dissertation*. Il faut reconnaître qu'à titre de simple travail de clarification, l'ouvrage n'est pas toujours bouleversant.

Il est vrai que les premiers lecteurs de 1813 auraient déjà pu être davantage sensibles à certaines conséquences néfastes de la non-spécification du principe de raison que Schopenhauer est loin de taire – s'il ne s'y étend certes pas aussi polémiquement qu'en 1847.

La confusion de la *ratio cognoscendi* avec la *ratio fiendi*, de la *raison* avec la *cause* a des conséquences néfastes : parce que la série des *rationes cognoscendi* doit avoir toujours quelque part un terme, on s'imagine que la série des *rationes fiendi* doit avoir une condition inconditionnée. La preuve ontologique repose sur la confusion entre *causa* et *ratio*.

La confusion de la *ratio essendi* avec la *ratio cognoscendi*, la confusion de la mathématique et de la logique engendre la proscription de l'intuition au profit de la démonstration en mathématiques, donc une idée totalement fausse de cette science qui n'a rien à voir avec une «promotion de la logique».

La confusion du principe de raison suffisante en général avec le *principium rationis fiendi* entraîne la croyance illusoire en la liberté. Parce que l'on prend la forme particulière du *principium rationis sufficientis* qu'est la *lex causalitatis* – laquelle ne règle rien d'autre que la succession des changements d'état des substances –, pour sa formule générale elle-même, on croit à la liberté de l'agir. En fait, l'agir a pour loi une forme spécifiée du principe de raison : la raison suffisante de la volition doit se trouver dans un *état permanent* du sujet de la volition.

La confusion entre les quatre racines concrètes et la formulation abstraite du principe de raison entraîne l'idée philosophiquement inconsistante, mais grave de conséquences, d'une nécessité inconditionnelle, le concept impossible d'un Etre Nécessaire.

L'analyse du principe de raison suffisante, la nécessité de distinguer cause et raison et la thèse de la signification strictement phénoménale du principe de raison, conduisent évidemment à dénoncer les pseudo-démonstrations de l'existence de Dieu et à incriminer la bonne foi de ceux qui ont mené ces démonstrations et pratiqué ces confusions. Schopenhauer met en doute dès 1813 l'honnêteté des philosophes qui auront confondu là où il convient de spécifier. Aucune de ces conséquences n'est certes négligeable, mais là n'est pas l'enjeu de la *Dissertation*.

Cahiers de cours, *Cahiers d'étude* et *Cahiers philo-sophiques* (cf. les t. 1 et 2 de l'*Handschriftlicher Nachlaß*, éd. Hübscher) du jeune Schopenhauer – ces derniers « montrent, dit-il, le processus de fermentation de ma pensée dont est sortie toute ma philosophie, se détachant peu à peu comme une belle contrée émerge du brouillard matinal » –, indiquent que toute sa réflexion s'alimente à une intuition : *le monde de la conscience empirique n'est pas le vrai monde* ; voilà ce que lui révèle sa *conscience meilleure* [besseres Bewußtsein], *sa connaissance meilleure* [bessre Erkenntnis]. Cette conscience, véritable illumination [Beleuchtung] métaphysique, le fait accéder à un monde où il n'y a plus ni sujet, ni objet, ni causalité et où l'on voit clair à travers le principe d'individuation[1].

Par delà l'utilité philosophique de toute clarification et la dénonciation nécessaire des effets théoriques de la confusion entre les racines du principe de raison, la *Dissertation* poursuit, sous la forme d'un travail

---

1. Pour la détermination du *point de référence secret* de la *Dissertation*, *l'expérience métaphysique de la conscience meilleure*, voir notre étude sur « Conscience *meilleure* et conscience *empirique* chez le jeune Schopenhauer » parue dans les *Cahiers de l'Herne*, 1997, ainsi que la traduction, dans le même volume, de tous les textes des *Frühe Manuskripte* sur lesquels s'appuie cette lecture.

universitaire, une tâche philosophique *dont l'enjeu* – sur lequel il fait silence – *est majeur pour lui*: encore que faire sortir ce principe de l'abstraction, découvrir ses racines et lui substituer les formules concrètes dont il n'est que l'expression ait pour effet majeur de *le manifester comme simple loi de liaison des représentations* et de faire ainsi tomber l'αναγκη, il ne s'agit pas tant de spécifier un principe, d'introduire de la clarté en spécifiant des acceptions ou applications, de *distinguer entre des éléments d'une sphère* – celle de la représentation – que de *distinguer radicalement une sphère d'une autre*; il s'agit ainsi de réaliser le véritable *criticisme* qui consiste à *isoler* la conscience *empirique* de la conscience *meilleure*. Schopenhauer décrit la conscience empirique de façon à la *circonscrire* et à la *neutraliser*.

« Le philosophe parfait représente théoriquement *la conscience meilleure* à l'état pur en la séparant précisément et complètement de la conscience empirique. » (HN, I, éd. Hübscher, § 249, p. 149). « Le vrai criticisme séparera la conscience meilleure de la conscience empirique comme l'or du minerai, il la présentera pure, sans nulle adjonction de sensibilité ni d'entendement –, il la présentera entière, il rassemblera tout ce par quoi elle se manifeste dans la conscience pour en faire une unité ; il obtiendra pure également la conscience empirique, y fera des classements par espèce. Dans l'avenir, une telle œuvre pourra être perfectionnée, précisée et affinée, rendue plus facile à comprendre –, mais elle ne pourra jamais être renversée. La philosophie sera là ; l'histoire de la philosophie sera close. Si la paix se fait durable parmi les hommes, si la culture progresse et si l'universel progrès technique permet des loisirs, toute religion pourra un jour être jetée comme on jette la lisière d'un enfant devenue inutile, l'humanité sera debout, elle sera parvenue à la conscience de soi la plus élevée, l'âge d'or de la philosophie sera venu, le précepte du temple de

Delphes : le γνωτι σεαυτον sera accompli. » (HN II, éd. Hübscher, p. 360)

Pourquoi Schopenhauer place-t-il son entreprise sous le signe du criticisme et en quel sens prétend-il achever le criticisme ?

D'après lui, la philosophie prékantienne, soit a été totalement *sourde à la voix de la conscience meilleure* (ainsi empirisme et matérialisme) ; soit *n'a au contraire entendu qu'elle* et n'a pas reconnu la sphère de la conscience empirique comme telle (les variétés d'idéalisme dont Platon est le prototype) ; sans la nier, elle l'a considérée comme une ombre, une aberration dont elle ne fournissait pas d'explication ; soit – cas le plus fréquent – elle les a mélangées dans des proportions variables, pratiquant un abominable *syncrétisme* vivement dénoncé par Schopenhauer comme la pire chose à faire. Elle a même été jusqu'à vouloir établir un *passage de l'une à l'autre* ; elle a cherché la conscience empirique dans la conscience meilleure, la conscience meilleure dans la conscience empirique, elle a ainsi brouillé toutes les frontières, cherché l'éternité dans le temps, l'infini dans le fini, l'intelligible dans le sensible et inversement elle a exporté le sensible dans l'intelligible.

Le syncrétisme était inévitable *tant que l'on ne disposait pas d'un critère sûr* pour déterminer la nature, l'objet et les limites de la conscience empirique, or c'est à ses yeux *l'immortel service rendu par Kant* que d'avoir donné, le premier et pleinement, *les moyens de circonscrire la sphère de la conscience empirique* – encore qu'aux yeux de Schopenhauer, il faille aller plus loin que Kant qui a mélangé le contenu de ces deux consciences (ainsi avec ses abominables postulats de la raison pratique où il pense l'immortalité sous la forme d'une prolongation, d'une survie et où il pense le bonheur qui est inhérent à la conscience meilleure comme une récompense d'ordre quasi-sensible destinée à nous être donné dans l'au-delà d'une après-vie). Même s'il n'a pas été entièrement fidèle à son principe, Kant a fourni le moyen de séparer le monde de la représentation et celui des choses mêmes. On voit pourquoi les deux idoles philosophiques de Schopenhauer peuvent être Kant et Platon : *Platon* en tant qu'il exprime le contenu de la conscience meilleure ; *Kant* en tant qu'il permet de circonscrire a priori le champ de la conscience empirique et qu'il distingue clairement l'ordre de la représentation ou phénomène et celui des choses en soi : sa doctrine de l'art et sa doctrine morale témoignent de la conscience meilleure. Le moyen fourni par Kant pour séparer le monde de la représentation et celui de la conscience meilleure, *c'est la connaissance a priori : tout ce qui peut être connu a priori est nécessairement relatif au monde de la représentation qu'il rend possible.*

La distinction kantienne entre le phénomène et la chose en soi est précisément pour Schopenhauer *celle entre la conscience empirique et la conscience meilleure.* « En faisant cette distinction, Kant tire de son propre fonds, exprime d'une manière tout à fait originale, découvre sous un nouveau point de vue et par une nouvelle méthode ce qu'avant lui Platon ne se lassait point de répéter, et qu'il exprime le plus souvent dans son langage de la manière suivante : « Le monde qui frappe nos sens ne possède point véritablement l'être ; il n'est qu'un devenir incessant, indifférent à l'être ou au non-être, le percevoir, c'est moins une connaissance qu'une illusion. [...] Toutefois Kant ne se contentait pas d'exprimer la même doctrine d'une manière tout à fait neuve et originale ; grâce à la plus sereine et à la plus sobre des expositions, il la transformait en une vérité démontrée, incontestable » (cf. *Monde*, PUF, p. 524-5, trad. modifiée). *Il y a entre Kant d'une part, Platon et les Hindous d'autre part, la même différence qu'entre Copernic et un Aristarque.* Pour ce faire, Kant a démonté et examiné tout le pouvoir de connaissance « en vertu duquel se joue cette comédie fantastique qu'on nomme le monde objectif » (*ibid.*,

p. 527. Sur l'accord profond entre la doctrine platonicienne des Idées et la doctrine kantienne des choses en soi, voir encore le chap. XXXI du *Monde* au livre III, p. 220 sq.)

La conscience empirique ne peut être renversée, dépassée que si elle reconnue pour ce qu'elle est : l'œuvre exclusive du principe de raison. Cette connaissance est la voie du salut, de l'*Erlösung* : *il faut cesser de croire à la conscience empirique*, de la prendre pour *toute* la réalité, mais même de le prendre pour *une réalité*, le monde de la représentation n'est que le monde de la représentation : *une ombre, un rêve*[1].

S'il s'agit certes dans la *Dissertation* de spécifier *les applications* du principe de raison, il s'agit, de façon autrement plus fondamentale –, de spécifier la *conscience empirique* elle-même *par rapport à son autre, présente en creux, jamais nommée*, la *conscience meilleure*. Démontrer l'apriorité d'une représentation, c'est pour Schopenhauer montrer *ipso facto* qu'elle est une *condition constituante du monde empirique en général*, c'est ainsi rendre possible une saisie à l'état pur de la conscience *empirique* et contribuer de façon décisive à dissocier entièrement la conscience *meilleure* de la conscience *empirique*. C'est suivre l'exemple de Kant, c'est poursuivre l'œuvre critique qui consiste à séparer de façon sûre la conscience empirique de la conscience meilleure.

Connaître le principe de raison et les quatre formes sous lesquelles ce lutin nous taquine, ce n'est chose possible en fait que parce que nous pouvons prendre un *point de vue* sur lui, que parce que la *conscience meilleure* permet de voir la *conscience empirique*, de la thématiser comme telle, que parce qu'il est possible de couper *verticalement* la ligne *horizontale* de la conscience, mais

---

1. En quoi l'on voit à quel point Schopenhauer s'éloigne du Kant véritable qui n'a jamais fait de l'*Erscheinung* un *Schein*, qui n'a jamais érigé les lois transcendantales en matrice d'un *Schein* métaphysique.

l'exploration de la conscience empirique et de ce qui la constitue comme telle travaille à sa libération, prépare le réveil.

Si le projet même d'une description du principe de raison suffisante comme loi de tout ce qui est représenté, de tout ce qui est objet de conscience empirique possible, peut s'inscrire dans le cadre d'une *recherche trans-cendantale* de style kantien sur les conditions de possibilité de l'expérience – seul terrain sur lequel Schopenhauer place officiellement son entreprise –, il trouve fondamentalement son *motif* dans la stigmatisation *éthico-métaphysique* d'une conscience prisonnière de l'intuition sensible et du monde temporel comme illusion et lieu du malheur.

Ainsi ce travail aux ambitions *déclarées* si restreintes prend-il une tout autre portée [1].

François-Xavier CHENET

---

[1]. Le lecteur trouvera ici la traduction revue et corrigée du seul texte de la deuxième édition. Rappelons que nous avons donné en 1991 la première traduction française du texte de la première édition de la *Dissertation*; dans cette édition, le lecteur dispose, outre de la confrontation systématique des deux versions, de substantiels commentaires et d'une annotation que nous n'avons pu reprendre dans le présent format. Le texte de 1813 est évidemment le seul qui puisse servir, comme le veut Schopenhauer, d'*intro-duction obligée* au *Monde* de 1819.

DE LA QUADRUPLE RACINE

DU PRINCIPE DE RAISON

SUFFISANTE

DEUXIÈME ÉDITION

Francfort, 1847

Οὐ μα τον ἀμετερᾳ ψυχᾷ παραδόντα τ ε τ ρ α κ τ ύ ν,
Παγὰν ἀενάου φύσεως ῥί ξ ω μά τ᾽ἔχουσαν

[Je le jure] par Celui qui a révélé à notre
âme la tétractys [le quaternaire], qui a en elle la
source et la racine de l'éternelle nature.

PRÉFACE

Cette dissertation[1] de philosophie élémentaire, parue initialement en 1813, après l'obtention du grade de docteur qu'elle m'a value, est devenue, par la suite, la base de tout mon système. Raison pour laquelle elle ne doit pas rester épuisée en librairie comme c'est le cas, à mon insu, depuis quatre ans.

Mais il me semblerait inexcusable de faire reparaître ce travail de jeunesse, avec toutes ses taches et tous ses défauts. Je songe, en effet, que le moment approche où je ne pourrai plus rien amender; c'est précisément alors que commencera la période de ma véritable influence, et l'espoir que la durée en sera longue me console; j'ai fermement foi, en effet, dans la promesse de Sénèque: «Quand l'envie aurait imposé le mot d'ordre du silence à toute ton époque, d'autres se présenteront qui, sans préventions, sans complaisance, se feront tes juges» (*Épîtres*, 79). J'ai donc corrigé, autant que possible, ce travail de jeunesse et je dois m'estimer particulièrement heureux, vu la brièveté et l'incertitude de la vie, d'avoir pu encore réviser dans ma soixantième année ce que j'avais écrit dans ma vingt-sixième.

J'ai tenu néanmoins à être très indulgent pour le jeune homme que je fus et à lui laisser la parole, dans la mesure

---

1. La formule grecque placée sur la page de titre est la formule rituelle du serment pythagoricien qui liait les initiés.

du possible et même à lui laisser dire tout ce qu'il avait à dire. Ce n'est que quand il avance quelque chose d'inexact ou de superflu, ou encore lorsqu'il tait ce qu'il avait de mieux à dire, que je me suis vu obligé de lui ôter la parole, et cela est arrivé assez fréquemment; tellement que maints lecteurs éprouveront la même impression que si un vieillard lisait à haute voix le livre d'un jeune homme, en l'interrompant souvent pour faire ses propres remarques sur la question.

On comprend bien qu'un ouvrage ainsi corrigé, et si longtemps après, ne pouvait atteindre à l'unité et l'harmonie propres, seulement, à ce qui est coulé d'un jet. Même dans le style et le mode d'exposition, on sent déjà une différence si manifeste que le lecteur doué d'un peu de tact ne sera jamais dans le doute de savoir si c'est le jeune homme ou le vieillard qu'il entend parler. Car il y a loin, en vérité, du ton doux et modeste du jeune homme qui expose ses idées avec confiance, assez niais pour croire très sérieusement que tous ceux qui s'occupent de philosophie ne poursuivent que la vérité et qu'en conséquence celui qui travaille à son progrès ne peut rencontrer que le meilleur accueil; il y a loin de ce ton à la voix décidée, mais parfois aussi quelque peu rude, du vieillard qui a bien dû finir par comprendre dans quelle noble société de commerçants et de courtisans serviles, il s'est fourvoyé, et quels sont leurs desseins véritables. Oui, le lecteur équitable ne saurait me blâmer quand parfois l'indignation me jaillit par tous les pores; le résultat n'a-t-il pas démontré ce qui advient quand, tout en n'ayant à la bouche que la recherche de la vérité, on ne s'occupe qu'à pénétrer les intentions des supérieurs les plus haut placés, et quand aussi d'autre part, étendant aux grands philosophes le *« e quovis ligno fit Mercurius »* [1], un lourd charlatan comme Hegel arrive, lui aussi, à recevoir cette

---

1. *De quel bois est fait Mercure* (cf. « Tout bois peut servir à faire une statue de Mercure ». APULÉE, *De magia*, XLIII).

estampille. La philosophie allemande est, en vérité, couverte aujourd'hui de mépris, elle est tournée en ridicule par l'étranger, exclue des sciences honnêtes comme une catin qui, pour un vil prix, s'est donnée hier à celui-là, aujourd'hui à un autre ; les cervelles des savants de la génération actuelle sont désorganisées par les absurdités d'un Hegel : incapables de penser, grossiers et pris de vertige, ils deviennent la proie du plat matérialisme qui a éclos de l'œuf du basilic. – Je leur souhaite bonne chance ! – Mais revenons à notre sujet.

Il faudra donc prendre son parti de cette disparité de ton : je n'ai pu, en effet, donner ici à part les additions ultérieures, comme je l'ai fait pour mon œuvre majeure. L'important, ce n'est pas que l'on sache ce que j'ai écrit à vingt-six ou à soixante ans, mais bien plutôt que ceux qui veulent s'orienter, se fortifier et voir clair dans les principes fondamentaux de toute philosophie, trouvent, même dans ces quelques pages, un opuscule où ils puissent apprendre quelque chose de consistant, de solide et de vrai ; j'espère que ce sera le cas. L'ouvrage est même devenu, par le développement que j'ai donné à certaines parties, une théorie abrégée de toute la faculté de connaissance ; n'ayant pour objet que le principe de raison, il expose la matière par un côté neuf et tout à fait particulier et trouve ensuite son complément dans le premier livre de mon ouvrage *Le Monde comme volonté et comme représentation* dans les chapitres du deuxième volume qui se rapportent à ce sujet et dans la *Critique de la philosophie kantienne*.

Francfort-sur-le-Main, septembre 1847.

CHAPITRE PREMIER

INTRODUCTION

§ 1
LA MÉTHODE

Le divin Platon et l'étonnant Kant unissent leurs voix impressionnantes pour recommander une règle, comme méthode de toute philosophie, et même de tout savoir en général[1]. On doit, disent-ils, satisfaire à deux lois, celle de l'*homogénéité* et celle de la *spécification*, dans la même mesure et non à l'une au détriment de l'autre. La loi d'*homogénéité* nous enjoint de saisir les espèces par l'observation des ressemblances et des concordances des choses, de les réunir en genres et celles-ci en classes jusqu'à ce que nous parvenions enfin à un concept suprême incluant tout. Cette loi transcendantale, consubstantielle à notre raison, suppose son accord avec la nature; supposition exprimée par la vieille règle: «Les êtres ne doivent pas être multipliés à moins que ce ne soit nécessaire». – Kant énonce par contre la loi de *spécification* ainsi: «On ne doit pas réduire sans raison les

---

1. PLATON, *Philèbe*, 16 c sq, *Le politique*, 262 a sq ; *Phèdre*, 270 c sq. – KANT, *Critique de la raison pure*, B 673-688. [Note de Schopenhauer].

espèces différentes d'êtres»[1]. Elle nous enjoint, en effet, de distinguer les classes réunies sous un concept générique englobant beaucoup de choses et, à leur tour, les espèces supérieures et inférieures qu'elles comprennent et de prendre garde de commettre quelque saut et, pour le moins, de ne pas subsumer les espèces inférieures, voire les individus, directement sous le concept générique, chaque concept étant susceptible d'être encore subdivisé, aucune division n'allant jusqu'à la simple intuition. Kant enseigne que ces deux lois sont des principes transcendantaux de la raison postulant *a priori* que les choses s'accordent avec eux et Platon semble exprimer la même idée, à sa manière, lorsqu'il dit que les règles auxquelles toute science doit son origine nous ont été jetées du haut du séjour des dieux en même temps que le feu de Prométhée.

§ 2
SON APPLICATION AU CAS PRÉSENT

Malgré une recommandation aussi puissante, je trouve la dernière de ces deux lois trop peu appliquée au principe cardinal de toute connaissance, le *principe de raison suffisante*. Quoique ce principe ait été établi en effet, depuis longtemps et souvent dans sa généralité, on a pourtant négligé de séparer comme il le faudrait ses applications extrêmement différentes dans chacune desquelles il a une signification distincte et qui trahissent, par suite, son origine dans des facultés de connaissance différentes de notre esprit. La confrontation de la philosophie kantienne avec les philosophies antérieures enseigne précisément que l'application du principe d'homogénéité dans l'étude des facultés de notre esprit a engendré des erreurs nombreuses et persistantes, lorsque

1. KANT, *Critique de la raison pure*, B 684; Ak. III, 434; TP, 460.

l'on néglige celui qui s'oppose à lui, alors qu'au contraire l'application du principe de spécification a été la cause des progrès les plus grands et les plus importants. Que l'on me permette donc de citer ici un passage où Kant recommande l'application de la loi de spécification aux sources de nos connaissances ; cela permettra d'apprécier l'intérêt de notre présent effort. « Il est de la plus haute importance d'isoler des connaissances, qui sont distinctes des autres par leur espèce et par leur origine, et de les empêcher soigneusement de se mêler et de se confondre avec d'autres, avec lesquelles elles sont ordinairement liées dans l'usage. Ce que fait le chimiste dans la séparation des matières, le mathématicien dans sa théorie pure des grandeurs, le philosophe est encore plus tenu de le faire afin de déterminer sûrement la part qu'un mode particulier de connaissance a dans l'usage courant de l'entendement, sa valeur et son influence propres. » (*Critique de la raison pure*, troisième section [du premier chapitre] de la Théorie de la méthode).

§ 3
UTILITÉ DE CETTE ENQUÊTE

Si je parviens à montrer que le principe sur lequel porte cette enquête ne découle pas immédiatement d'*une* mais d'abord de *plusieurs* connaissances fondamentales de notre esprit, il s'ensuivra que la nécessité *a priori* qui est la sienne n'est pas non plus *une* et partout *la même*, mais qu'elle est aussi diverse que les sources du principe lui-même. Qui fondera alors un raisonnement sur ce principe, sera tenu de déterminer précisément sur laquelle des nécessités diverses servant de fondement au principe il s'appuie et de lui attribuer un nom propre (comme ceux que je proposerai). La philosophie y gagnera ainsi un peu, je l'espère, en distinction et en précision ; je tiens la plus grande intelligibilité possible, produite par la détermination rigoureuse de chaque expression, pour la condition la plus indispensable à la philosophie, pour ce qui nous garantit de l'erreur et de la tromperie intentionnelle et pour ce qui fait de toute connaissance acquise en philosophie une propriété assurée qui ne pourra nous être reprise brutalement à la suite de la découverte d'un malentendu ou d'une amphibologie. D'une façon générale, l'authentique philosophe cherchera partout la limpidité et la distinction et s'efforcera de ne pas ressembler à un torrent trouble et impétueux, mais bien plutôt à un lac suisse qui, grâce à son calme, a, malgré sa grande profondeur, une limpidité qui la rend justement visible. *La clarté est la bonne foi des philosophes* a dit Vauvenargues. Le faux philosophe, au contraire, ne cherche nullement, suivant la formule de Talleyrand, à utiliser les mots pour dissimuler ses pensées, mais pour dissimuler son absence de pensée; il rejette la responsabilité sur l'intelligence du lecteur qui ne comprend pas ses philosophèmes, qui ne sont incompréhensibles que par suite de l'obscurité des propres pensées de l'auteur. On comprend ainsi que, dans certaines œuvres, celles de Schelling, par exemple, le ton didactique cède si fréquemment la place à l'injure, et que souvent même le lecteur, réputé incapable, soit injurié par avance.

§ 4
IMPORTANCE DU PRINCIPE DE RAISON SUFFISANTE

L'importance du principe de raison suffisante est si grande qu'on peut l'appeler l'assise de toute *science*. *Science* veut dire, en effet, *système* de connaissances, c'est-à-dire un tout de connaissances liées entre elles, par opposition à leur simple juxtaposition. Mais qu'est-ce qui relie les éléments d'un système, sinon le principe de raison suffisante? Ce qui distingue précisément une science d'un simple agrégat, c'est que les connaissances y dérivent l'une de l'autre comme de leur raison. Aussi Platon a-t-il dit que «même les opinions vraies sont de peu de valeur, tant qu'on ne les a pas enchaînées par un raisonnement de causalité» (*Ménon*, 97 e - 98 a). l y a, en outre, dans la plupart des sciences, des connaissances de causes dont on peut déterminer les effets et d'autres connaissances concernant la nécessité des conséquences résultant de principes, ainsi que nous le verrons dans le cours de cette étude ; c'est ce qu'Aristote exprimait ainsi en disant que «d'une manière générale, toute science discursive, ou participant du raisonnement en quelque point, traite de causes ou de principes plus ou moins rigoureux» [*Métaphysique*, 5, 1, 1025 b 6]. Or, comme c'est la supposition toujours faite *a priori* que tout a une raison qui nous autorise à demander partout le pourquoi, on peut appeler la question «pourquoi?» la mère de toute science.

§ 5
LE PRINCIPE LUI-MÊME

On montrera plus loin que le principe de raison suffisante est une expression commune à plusieurs connaissances données *a priori*. Il faut, cependant, dans l'immédiat, le formuler provisoirement. Je choisis la formule de Wolff comme étant la plus générale : «Rien n'est sans une raison qui fait que cela soit plutôt que cela ne soit pas» [*Ontologia*, § 70]. Rien n'est sans raison d'être.

APERÇU DE L'ESSENTIEL DE CE QU'ON A ENSEIGNÉ A CE JOUR SUR LE PRINCIPE DE RAISON SUFFISANTE

§ 6
PREMIER ÉNONCÉ DU PRINCIPE ET DISTINCTION ENTRE SES DEUX SIGNIFICATIONS

L'expression abstraite, plus ou moins précisément déterminée, d'un principe aussi primordial de toute connaissance a forcément été trouvée très tôt et il pourrait donc être difficile et peu intéressant d'indiquer où il apparaît pour la première fois. Platon et Aristote ne l'énoncent pas encore formellement comme un principe cardinal; ils en parlent toutefois assez souvent comme d'une vérité certaine par elle-même. Ainsi *Platon* dit-il avec une naïveté qui apparaît, face aux recherches critiques modernes, comme l'état d'innocence par rapport à celui de la connaissance du bien et du mal: «Il est nécessaire que tout ce qui naît, naisse par l'action d'une cause; comment naîtrait-il autrement?» (*Philèbe*, 26 e). Dans le *Timée* (28 a): «tout ce qui naît, naît nécessairement par l'action d'une cause, car il est impossible que quoi que ce soit puisse naître sans cause». −*Plutarque* cite, à la fin de son livre *De fato*, parmi les maximes fondamentales des *Stoïciens* : «ce qui passe pour le principe premier et fondamental, c'est que rien n'arrive sans cause et que tout, au contraire, arrive selon des causes antécédentes» [*De fato*, IX, 574e].

Aristote énonce en quelque sorte le principe de raison en écrivant dans ses *Seconds Analytiques* (I, 2) que «nous estimons posséder la science d'une chose quand nous croyons que nous connaissons la cause par laquelle la chose est, et qu'en outre il n'est pas possible que la chose soit autrement qu'elle est» [I, 2, 71 b 9]. Il donne aussi dans sa *Métaphysique* (IV, 1 [1013 a 17]) déjà une division des différentes espèces de raisons ou plutôt de principes, *archai*, dont il admet huit espèces ; mais cette division ne va pas au fond des choses et n'est pas assez pénétrante. Il dit cependant ici très justement : «Le caractère commun de tous les principes, c'est donc d'être la source d'où l'être, ou la génération, ou la connaissance dérive». Au chapitre suivant, il distingue plusieurs espèces de causes, mais de façon assez superficielle et confuse ; il expose, mieux qu'ici, quatre sortes de raisons dans les *Seconds Analytiques* (II, 11 [94 a 21]) : «Les causes sont au nombre de quatre : en premier lieu, la quiddité ; en second lieu, que certaines choses étant données, une autre suit nécessairement ; en troisième lieu, le principe du mouvement de la chose ; et en quatrième lieu, la fin en vue de laquelle la chose a lieu». C'est là l'origine de la division des causes, généralement adoptée par les scolastiques, en causes *matérielle*, *formelle*, *efficiente*, *finale*, ainsi qu'on peut le voir également dans les *Disputationes metaphysicae* de Suarez, *disputatio* 12, *sectio* 2 et 3, qui constituent un véritable manuel de la scolastique. Hobbes (*De corpore*, II, 10, § 7) la cite aussi et l'explique. – On retrouve cette division, plus détaillée encore et plus claire, chez Aristote (*Métaphysique*, I, 3). Il l'indique aussi sommairement dans son livre *De somno et vigilia* (ch. 2). – Pour ce qui concerne la distinction si capitale entre un principe de connaissance et une cause,

Aristote laisse apercevoir qu'il en a quelque notion puisqu'il expose en détail, dans ses *Seconds Analytiques* (I, 13 [78 a 22]), que savoir et prouver *qu'*une chose est, ce n'est pas du tout savoir et prouver *pourquoi* elle est; or ce qu'il entend dans le second cas, c'est la connaissance de la cause et dans le premier, c'est le principe de la connaissance. Il ne parvient cependant pas à avoir une conscience tout à fait claire de cette différence; sans quoi il l'aurait également maintenue et observée dans tous ses autres ouvrages, ce qui n'est pas du tout le cas: là même en effet où, comme dans les passages cités ci-dessus, il se propose de distinguer les différentes espèces de raisons, la différence, pourtant si capitale, dont il est question ici ne lui vient pas à l'esprit; de plus, il emploie constamment le mot «*aition*» pour désigner toute raison, de quelque nature qu'elle soit: il appelle même très souvent le principe de connaissance, voire les prémisses d'une conclusion, «*aitias*», comme par exemple dans la *Métaphysique* (IV, 18), dans la *Rhétorique* (II, 21); dans le *De plantis* (I, p. 816, éd. de Berlin), et surtout dans les *Seconds Analytiques* (I, 2 [71 b 22]) où il appelle «causes de la conclusion» les prémisses d'une conclusion. Or, désigner par un même mot deux notions analogues est la preuve que l'on ignore leur différence, ou du moins qu'on ne la maintient pas fermement: une homonymie accidentelle de choses très dissemblables est un cas tout à fait différent. Son erreur se manifeste le plus clairement dans l'exposé qu'il fait au chap. 5 du livre *De la réfutation des sophismes* [cf. 167 b 21] du sophisme consistant à prendre pour cause ce qui n'est pas cause. Il entend dans ce passage par «*aition*» exclusivement le fondement de la preuve, les prémisses, par conséquent un principe de connaissance. Ce sophisme consiste, en effet, à montrer très justement l'impossibilité d'une chose, mais qui n'a aucune incidence sur la thèse contestée et à prétendre néanmoins l'avoir ainsi renversée. Il n'y est donc pas du tout question de causes physiques. Mais l'emploi du mot «*aition*» a eu tant d'autorité auprès de logiciens modernes qu'ils s'en tiennent uniquement à cette expression et qu'ils présentent toujours, dans l'exposé des sophismes indépendants du discours, celui consistant à prendre pour cause ce qui n'est pas cause, comme si l'on y indiquait une cause physique, ce qui n'est pas le cas: ainsi font par exemple Reimarus [*Die Vernunftlehre*, 1756], G. E. Schulze [*Grundriß der allgemeinen Logik*, 1802], Fries [*System der Logik*, 1811] et tous ceux que j'ai consultés; c'est dans la Logique de Twesten [*Logik, insbesondere die Analytik*, 1825; *Grundriß der analytischen Logik*, 1834] que, pour la première fois, je trouve l'exposé exact de ce sophisme. Même dans les autres ouvrages et dissertations scientifiques, cette expression sert, de manière générale, à reprocher le fait d'avancer une fausse cause.

Sextus Empiricus nous fournit encore un exemple frappant du mélange et de la confusion, chose courante chez les Anciens, entre la loi logique du principe de connaissance et la loi naturelle transcendantale de cause et effet. Dans le livre 9, intitulé *Adversus physicos*, de son ouvrage *Adversus mathematicos*, il se propose, au § 204, de prouver la loi de causalité et dit à ce sujet: «Celui qui prétend qu'il n'existe aucune cause, ou bien n'a aucune cause (*aitia*) pour le prétendre, ou bien il en a une. Dans le premier cas, son affirmation n'est pas plus vraie que l'affirmation contraire; dans le second, il prouve par son assertion même qu'il existe des causes.»

Nous voyons donc que les Anciens n'en étaient pas encore arrivés à distinguer nettement la nécessité d'un principe de connaissance servant à établir un jugement, de celle d'une cause pour la production d'un événement réel. – Pour ce qui en est, ultérieurement, des scolastiques, la loi de causalité a été pour eux précisément un axiome placé au-dessus de tout examen. «Nous ne cherchons pas s'il existe une cause; rien n'étant davantage évident par soi», dit Suarez, *disp.* 12, *sect.* 1. Ils conservaient la division aristotélicienne des causes citée plus haut. Ils n'avaient, par contre, autant que je sache, eux non plus, aucune conscience de la distinction nécessaire dont il est ici question.

§ 7
DESCARTES

Nous trouvons même notre excellent Descartes, fondateur du point de vue subjectif et père, en cela, de la philosophie moderne, plongé lui-même en cette matière dans des confusions à peine explicables et nous verrons tout à l'heure quelles graves et déplorables conséquences ces erreurs ont eues en métaphysique. Il dit dans la *Responsio ad secundas objectiones in meditationes de prima philosophia*, axiome 1: «Il n'y a aucune chose existante de laquelle on ne puisse demander la cause pourquoi elle existe. Car cela même se peut demander de Dieu; non qu'il ait besoin d'aucune cause pour exister, mais parce que l'immensité même de sa nature est *la cause ou la raison* pour laquelle il n'a besoin d'aucune cause pour exister» [*Secondes réponses*, A.-T., IX, 1]. Il aurait dû dire: l'infinité de Dieu est un principe de connaissance, d'où résulte que Dieu n'a pas besoin de cause. Mais il mélange les deux choses et l'on voit qu'il n'a pas une claire conscience de la différence entre cause et principe de connaissance. Mais, en vérité, c'est l'intention chez lui qui fausse le jugement. Ici, en effet, où la loi de causalité exigeait une *cause*, il a introduit à la place un *principe de connaissance*, parce que celui-ci ne mène pas tout de suite plus loin comme l'autre; précisément à l'aide de cet axiome, il se fraye ainsi la voie vers la *preuve ontologique* de l'existence de Dieu, preuve dont il a été l'inventeur, *saint Anselme* n'en ayant donné que l'indication générale. Car, immédiatement à la suite des axiomes dont nous avons cité le premier, il énonce formellement et sérieusement cette preuve ontologique; en réalité, elle se trouve déjà énoncée dans cet axiome ou, tout au moins, elle y est contenue, formée comme le poussin dans l'œuf longtemps couvé. Ainsi donc, alors que toutes les autres choses réclament une cause de leur existence, au lieu de cette cause, il suffit pour Dieu que l'on fait arriver par l'échelle de la preuve ontologique de cette *immensitas*, comprise comme son propre concept ou comme s'exprime la preuve elle-même: «Dans le concept d'un être souverainement parfait, l'existence est nécessairement comprise» [*Secondes réponses*, Axiome X, A.-T., IX, 1]. Tel est le *tour de passe-passe* pour l'exécution duquel on s'est empressé de se servir, *in majorem Dei gloriam*, de cette *confusion* déjà familière à Aristote *entre les deux significations principales du principe de raison*.

Vue au grand jour et sans prévention, cette fameuse preuve ontologique est véritablement une plaisante facétie. Quelqu'un se crée, à une occasion quelconque, un concept qu'il compose de toutes sortes d'attributs, parmi lesquels il veille à ce que se trouve aussi celui de réalité ou d'existence, qu'il soit crûment et ouvertement énoncé, ou qu'il soit plus décemment enveloppé dans quelque autre attribut, tel que, par exemple, la *perfectio*, l'*immensitas* ou quelque chose d'analogue. Or l'on sait que l'on peut extraire d'un concept donné au moyen de simples jugements analytiques tous ses attributs essentiels, c'est-à-dire ceux dont se compose le concept, de même que les attributs essentiels de ces attributs, lesquels sont alors *logiquement* vrais; c'est-à-dire que leur principe de connaissance se trouve dans le concept donné. En conséquence, notre homme choisit dans un concept formé tout à sa guise et tire l'attribut de réalité ou d'existence; il vient soutenir ensuite qu'un objet qui correspondrait au concept a une existence réelle et indépendante de ce concept!

«Si ce projet n'était pas une ruse maudite, on serait tenté de le trouver bien inepte» [Schiller, *Wallenstein*].

La réponse, très simple à apporter du reste, à cette preuve ontologique est celle-ci : «tout dépend de la question de savoir où tu as été prendre ton concept; l'as-tu puisé dans ton expérience? *à la bonne heure**; en ce cas, son objet existe et n'as pas besoin d'autre preuve; a-t-il éclos, au contraire, dans ton propre cerveau, alors tous ses attributs n'y peuvent rien, il n'est qu'une pure chimère.» Que la théologie ait dû recourir à de semblables preuves afin de pouvoir prendre pied sur le terrain de la philosophie, terrain qui lui est entièrement étranger, mais sur lequel elle serait bien aise de s'installer, voilà qui suffit à faire apprécier à l'avance très défavorablement ses prétentions. – Mais admirons la sagesse prophétique d'Aristote! Il n'avait jamais rien entendu dire de la preuve ontologique; mais, comme si, perçant du regard la nuit des sombres temps futurs, il avait entrevu cette sornette scolastique et avait voulu lui barrer le chemin, il démontre soigneusement au chapitre 7 du livre II des *Seconds Analytiques* que la définition d'une chose et la preuve de son existence sont deux choses différentes et éternellement distinctes, étant donné que, par la première, nous apprenons *ce que* la chose signifie et, par la seconde, *qu*'elle existe; tel un oracle pour l'avenir, il prononce cette sentence : «l'être n'est jamais la substance de quoi que ce soit, puisqu'il n'est pas un genre» [cf. 92 b 13]. Ce qui veut dire que l'existence ne peut jamais faire partie de l'essence, que l'existence ne peut appartenir à l'essence d'aucun être. – On peut voir, en revanche, la vénération de M. *de Schelling* pour la preuve ontologique à une longue note[1] de la p. 152 du premier volume de ses *Écrits philosophiques* de 1809. On peut surtout y voir quelque chose de plus instructif encore, à savoir comment il suffit d'être un hâbleur effronté et fanfaron pour pouvoir jeter de la poudre aux yeux des Allemands. Mais qu'un aussi triste

1. Cf. *Du Moi* (in SCHELLING, *Premiers écrits* (1794-1795), trad. J.-F. Courtine, PUF, 1987, p. 69-70).

sire que *Hegel* qui n'est, à vrai dire, qu'un pseudo-philosophe, dont la doctrine n'est qu'une monstrueuse amplification de la preuve ontologique, ait voulu la défendre contre la critique de Kant, voilà une alliance dont la preuve ontologique elle-même rougirait, si peu capable qu'elle soit de rougir. – Qu'on ne s'attende donc pas à m'entendre parler avec respect de gens qui ont fait tomber la philosophie dans le mépris.

§ 8

SPINOZA

Quoique la philosophie de Spinoza consiste essentiellement dans la négation du double dualisme instauré par son maître Descartes entre Dieu et le monde et entre l'âme et le corps, il lui est cependant entièrement resté fidèle en pratiquant la confusion et le mélange signalé ci-dessus entre les rapports de principe de connaissance à conséquence et de cause à effet; il cherche même, autant qu'il peut, à en retirer de plus grands profits encore pour sa métaphysique que son maître n'en avait retirés pour la sienne, cette confusion formant chez Spinoza l'assise de tout son panthéisme.

Un concept comprend en effet tous ses attributs essentiels de façon implicite; on peut donc les en tirer par de simples jugements analytiques de façon explicite: leur somme constitue sa définition. Celle-ci ne diffère donc du concept que par la forme et non dans son fond, en ce que la définition se compose de jugements qui sont tous compris par la pensée dans le concept; le principe de leur connaissance réside donc dans ce dernier en tant qu'ils exposent son essence. Il en résulte que ces jugements peuvent être considérés comme les conséquences du concept et celui-ci comme leur principe. Or ce rapport entre un concept et les jugements analytiques qui s'appuient sur lui et en peuvent être tirés est identiquement le même que celui entre ce que Spinoza appelle Dieu et le monde, ou plus exactement, entre la seule et unique substance et ses innombrables accidents («Dieu, c'est-à-dire une substance constituée par une infinité d'attributs», *Éthique* (I, prop. 11). – «Dieu ou tous ses attributs»). C'est donc le rapport du *principe de connaissance* à sa conséquence; tandis que le *véritable* théisme (celui de Spinoza n'en a que le nom) adopte le rapport de *cause* à effet, dans lequel le principe diffère et reste distinct de la conséquence, non pas, comme dans l'autre, uniquement du point de vue auquel on l'envisage, mais essentiellement et effectivement, c'est-à-dire en soi et toujours. Car c'est une pareille cause de l'univers, avec la personnalité en plus, que désigne le mot Dieu, employé honnêtement. En revanche, un dieu impersonnel est une *contradictio in adjecto*. Mais Spinoza, dans le rapport qu'il établit, voulant conserver le mot Dieu pour désigner la substance, qu'il appelle même nommément *cause du monde*, ne pouvait y parvenir qu'en confondant entièrement les deux rapports dont nous avons parlé; par conséquent aussi, la loi du principe de connaissance avec celle de causalité. Pour l'établir avec des citations, je ne rappellerai que les passages suivants, parmi une foule d'autres: «Il faut noter que pour chaque chose existante il y a nécessairement une certaine cause en vertu de laquelle elle existe; il faut noter enfin que cette cause en vertu de laquelle une chose existe doit ou bien être contenue dans la nature même et la définition de la chose existante (alors en effet il appartient à sa nature d'exister) ou bien être donnée *en dehors d'*elle», *Éthique* (I, prop. 8, scolie 2). Dans ce dernier cas, il entend une cause efficiente, ainsi que cela résulte de ce qui vient après; dans le premier, il parle d'un principe de connaissance: mais il identifie les deux et prépare ainsi le terrain pour arriver à son but qui est d'identifier Dieu avec le monde. Confondre et assimiler un principe de connaissance compris dans la sphère d'un concept donné, avec une cause agissant du dehors, voilà le stratagème qu'il emploie partout, et c'est de Descartes qu'il l'a appris. – A l'appui de cette confusion, je citerai encore les passages suivants: «De la nécessité divine doit suivre tout ce qui peut tomber sous un entendement infini» (*Éthique*, I, prop. 16). Mais, en même temps, il appelle partout Dieu la cause du monde: «Tout ce qui existe, exprime la puissance de Dieu qui est *cause* de toutes choses» (*ibid.*, prop. 36, démonstration). – «Dieu est *cause* immanente mais non transitive de toutes choses» (*ibid.*, prop. 18) – «Dieu n'est pas seulement *cause efficiente* de l'existence, mais aussi de l'essence des choses» (*ibid.*, prop. 25). – Dans son *Éthique* (III, prop. 1, démonstration), il dit: «d'une *idée* quelconque supposée donnée quelque *effet* doit suivre nécessairement». Et (*ibid.*, prop. 4): «Nulle chose ne peut être détruite sinon par une cause extérieure». Démonstration: «*la définition* d'une chose quelconque affirme, mais ne nie pas l'essence de cette chose [essence, constitution pour ne pas confondre avec *existentia*, existence]; autrement dit, elle pose, mais n'ôte pas l'essence de cette chose. Aussi longtemps donc que nous avons égard seulement à la chose elle-même, et non à des causes extérieures, nous ne pourrons rien trouver en elle qui la puisse détruire». Ce qui veut dire que, puisqu'un concept ne peut rien avoir qui soit en contradiction avec sa définition, c'est-à-dire avec la somme de ses attributs, une chose ne peut, non plus, renfermer quelque chose qui puisse devenir la cause de sa destruction. Mais cette conception est poussée jusqu'à sa limite extrême dans la seconde démonstration, un peu longue, de la proposition 11 où il confond la cause qui pourrait détruire ou supprimer un être avec une contradiction que renfermerait la définition de cet être et qui par suite annulerait celle-ci. La nécessité de confondre une cause avec un principe de connaissance devient ici tellement impérative que Spinoza ne peut jamais dire *causa* ou bien *ratio* seulement, mais qu'il est obligé de mettre chaque fois *ratio sive causa*; et dans le passage en question cela arrive huit fois pour masquer la fraude. Descartes en avait déjà fait de même dans l'axiome rapporté ci-dessus.

Ainsi le panthéisme de Spinoza n'est donc, au fond, que la *réalisation* de la preuve ontologique de Descartes. Il commence par adopter la proposition onto-théologique de Descartes, citée ci-dessus: «L'immensité même de sa nature est la *cause ou la raison* pour laquelle il n'a besoin d'aucune cause pour exister» [*Secondes réponses*, A-T, IX]; au lieu de *Dieu*, il dit, pour commencer, toujours *substance* : ensuite il conclut: «L'essence de la substance enveloppe nécessairement l'existence; elle sera donc *cause de soi*» (*Éthique*, I, prop. 7). Ainsi, le même argument par lequel Descartes avait prouvé l'existence de Dieu lui sert à prouver l'existence absolument nécessaire du monde, lequel n'a donc pas besoin d'un Dieu. Il l'établit encore plus clairement dans le scolie 2 de la proposition 7: «Il n'y a aucune chose existante de laquelle on ne puisse demander la cause pourquoi elle existe. Car cela même se peut demander de Dieu; non qu'il ait besoin d'aucune cause pour exister, mais parce que l'immensité même de sa nature est la cause ou la raison pour laquelle il n'a besoin d'aucune cause pour exister»[1]. Or cette substance, nous le savons, est le monde. – C'est dans le même sens que la démonstration de la proposition 24 dit: «Ce dont la nature considérée en elle-même [c'est-à-dire la définition] enveloppe l'existence est *cause de soi*».

Donc ce que Descartes n'avait établi que d'une manière *idéale*, *subjective*, c'est-à-dire rien que pour nous, à l'usage de la *connaissance* et en vue de la preuve de l'existence de Dieu, Spinoza le prend d'une manière *réelle* et *objective*, comme le rapport réel entre Dieu et le monde. Chez Descartes, dans le *concept* de Dieu est aussi compris

---

1. Il s'agit, en fait, non de la proposition VII, mais de sa démonstration, citée non littéralement.

l'«être» qui devient par la suite un argument pour son existence réelle; chez Spinoza, c'est Dieu même qui est contenu dans l'univers. De ce qui n'était donc pour Descartes qu'un principe de connaissance, Spinoza a fait un principe réel: le premier avait enseigné dans sa preuve ontologique que l'existence de Dieu résulte de son essence, le second fait de la *causa sui* l'essence de Dieu et commence avec aplomb son Éthique par un: «J'entends par cause de soi ce dont l'essence [concept][1] enveloppe l'existence» –, sourd à Aristote qui lui crie que «l'existence ne peut appartenir à l'essence d'aucun être». Nous avons donc ici la confusion la plus palpable du principe de la connaissance avec la cause. Et quand les néo-spinozistes (schellingiens, hégeliens, etc.), gens habitués à prendre des mots pour des idées, se répandent en pieuses louanges et prennent des airs hautains à l'occasion de cette *causa sui*, je n'y vois, quant à moi, qu'une *contradictio in adjecto*, un conséquent pris pour un antécédent, une décision autoritaire et impertinente de rompre la chaîne infinie de la causalité: elle est, selon moi, comme cet Autrichien montant sur une chaise pour serrer l'agrafe de son shako porté fortement bouclé sur sa tête, parce qu'il ne parvient pas à l'atteindre. Le véritable emblème de la *causa sui*, ce serait le baron de Münchhausen embrassant de ses jambes son cheval sur le point de se laisser couler au fond de l'eau, et s'élevant en l'air ainsi que sa bête, par sa natte ramenée sur le devant de la tête; au-dessous, il y aurait écrit: *causa sui*.

Pour finir, jetons encore les yeux sur la proposition 16 du livre I de l'*Éthique* où il est dit que «de la définition supposée d'une chose quelconque, l'entendement conclut plusieurs propriétés qui en sont réellement les suites nécessaires»[2]; ce dont il déduit que «de la nécessité divine doit suivre tout ce qui peut tomber sous un

---

1. Intervention de Schopenhauer.
2. Il s'agit en fait de la démonstration.

entendement infini». Mais il n'y joint pas moins, immédiatement après, ce corollaire: «Dieu est *cause efficiente* de toutes choses». La confusion entre le principe de connaissance et la cause est ici portée à son comble et ne saurait avoir de plus graves conséquences qu'ici. Mais tout cela témoigne de l'importance qu'a le thème de la présente dissertation.

Aux errements de ces deux grands esprits des siècles précédents, errements résultant d'un manque de netteté dans la pensée, M. de Schelling est venu, de nos jours, ajouter un petit acte final, en s'efforçant de poser le troisième degré à la gradation exposée. Si Descartes, en effet, avait obvié aux exigences de l'inexorable loi de causalité qui acculait son Dieu en substituant à la cause demandée un principe de connaissance afin de calmer l'affaire, et si Spinoza avait fait de ce principe une cause effective et, par suite, une «*causa sui*» par laquelle Dieu est devenu pour lui l'univers, M. de Schelling (dans son *Traité de la liberté humaine*) a séparé en Dieu même le principe et la conséquence: il a consolidé la chose encore mieux en en faisant une hypostase réelle et corporelle du principe et de sa conséquence, en nous faisant connaître en Dieu «quelque chose qui n'est pas Dieu même, mais son principe [Grund], en qualité de principe originaire [Urgrund] ou plutôt d'*abîme* [Ungrund]». *Hoc quidem vere palmarium est* [Ce qui est vraiment le comble!]. – On sait, du reste, parfaitement aujourd'hui qu'il a puisé toute cette fable dans le *Rapport approfondi sur le mystère de la terre et du ciel* de Jakob Böhme; mais il ne semble pas que l'on sache où Böhme l'a lui-même prise et quelle est la véritable origine de cet *Ungrund*; c'est pourquoi je me permets de l'indiquer ici. C'est le «*buthos*» (c'est-à-dire *abyssus*, *vorago*, ainsi donc, profondeur sans fond, abîme) des Valentiniens (sectes d'hérétiques du second siècle); cet abîme féconda le Silence qui lui était consubstantiel et qui engendra ensuite l'Intellect et l'Univers. Saint Irénée (*Contra haereseos*, I, 1), expose la chose en ces termes:

«Ils soutiennent, en effet, qu'a d'abord existé un certain
éon parfait, d'une sublimité invisible et indicible; ils
l'appellent origine primordiale, père de toutes choses et
fondement originaire. – Insaisissable et invisible, éternel
et sans commencement, il se serait trouvé en repos et
grande paix pendant une infinité d'éons de temps. En
même temps, aurait subsisté avec lui l'intelligence qu'ils
appellent aussi la Grâce et le Silence; ce *fondement
originaire* aurait eu, un jour, l'idée de laisser émaner de lui
le début du monde et cette émanation dont il aurait eu
l'idée, il l'aurait mise dans le Silence qui lui était
consubstantiel, telle la semence dans une matrice; après
avoir reçu cette semence et être devenu gros, l'intellect
serait né, analogue et semblable à celui qui l'avait fait
naître et capable seulement de saisir la grandeur du père.
Ils nomment cet intellect monogène et origine de
l'univers.» Jakob Böhme en aura entendu parler quelque
part dans l'histoire des hérésies et c'est de ses mains que
M. de Schelling l'aura pris, en toute crédulité.

§ 9
LEIBNIZ

Leibniz a été le premier à faire expressément du
principe de raison le principe cardinal de toute
connaissance et de toute science. Il le proclame très
pompeusement dans plusieurs passages de ses œuvres, s'en
fait accroire énormément à cet égard, et se pose comme s'il
venait de le découvrir; mais il n'en sait rien dire de plus, si
ce n'est toujours que chaque chose, en général et en
particulier, doit avoir une raison suffisante d'être telle et
non autre; mais le monde savait cela parfaitement avant
qu'il vînt le dire. Il indique bien aussi, à l'occasion, la
distinction entre ses deux significations, mais il ne la fait
pas ressortir en termes exprès ni ne l'explique quelque part
clairement. Le passage principal se trouve dans les

Principia philosophiae, § 32, et un peu mieux rendu dans l'édition française remaniée, intitulée *Monadologie*: «En vertu du principe de la raison suffisante, nous considérons qu'aucun fait ne saurait se trouver vrai ou existant, aucune énonciation véritable, sans qu'il y ait une raison suffisante pourquoi il en soit ainsi et non pas autrement.» [§ 32]. On peut encore comparer ce passage avec le § 44 de la *Théodicée* et le § 125 de la cinquième lettre à Clarke.

§ 10
WOLFF

Wolff est donc le premier à avoir expressément séparé les deux significations fondamentales de notre principe et à en avoir exposé la différence. Il ne l'établit toutefois pas encore en logique, comme on le fait aujourd'hui, mais en ontologie. Wolff souligne certes déjà, au § 71 de son *Ontologie*, qu'il ne faut pas confondre le principe de raison suffisante de la connaissance avec celui de cause et d'effet, mais il n'y détermine pas nettement cette différence et commet même des confusions: dans le chapitre *De ratione sufficiente* (§ 70, 74, 75, 77), il fournit en effet, comme preuves du principe de raison suffisante, des exemples de cause et d'effet aussi bien que de motif et d'action qui devraient figurer, s'il voulait faire cette distinction, dans le chapitre de cet ouvrage intitulé *De causis*. Dans ce chapitre, Wolff donne de nouveau des exemples analogues et expose en outre le *principium cognoscendi* (§ 876); mais si ce principe n'est pas à sa place ici, ainsi qu'on vient de le dire, il sert quand même à faire une distinction précise et claire entre le principe de connaissance et la loi de causalité; celle-ci suit immédiatement (§ 881-884). «On appelle principe, dit-il en outre ici, ce qui contient en soi la raison d'être de quelque chose d'autre» [§ 866] ; et d'en distinguer trois espèces : 1° le *principium fiendi (causa)* ou «raison de l'actualité de quelque chose d'autre; par exemple, si la pierre s'échauffe, le feu ou les rayons du soleil sont les raisons pour lesquelles la chaleur appartient à la pierre» [§ 874]. – 2° Le *principium essendi* où «raison de la possibilité de quelque chose d'autre; dans cet exemple, la raison de la faculté qu'a la pierre de s'échauffer est dans sa nature, c'est-à-dire dans la composition de la pierre» [§ 874]. Ce dernier concept me paraît inadmissible. La possibilité en général est, ainsi que Kant l'a suffisamment démontré, l'accord avec les conditions connues *a priori* de toute expérience. C'est par celles-ci que nous savons, en nous reportant à l'exemple de la pierre donné par Wolff, que des modifications sont possibles comme effets résultant de causes, qu'un état peut succéder à un autre quand celui-ci contient les conditions du premier: ici, nous trouvons, comme effet, l'état de la pierre d'être chaude et, comme cause, l'état antérieur de la pierre d'avoir une capacité limitée pour le calorique et d'être en contact avec le calorique libre. Si Wolff veut appeler *principium essendi* la nature de cet état qu'il nomme en premier et *principium fiendi* la nature de celui qu'il nomme en second, cela repose sur une illusion provenant chez lui de ce que les conditions intrinsèques de la pierre sont plus durables et peuvent par conséquent attendre plus longtemps l'apparition des autres. En effet, si la pierre est telle qu'elle est, d'une certaine constitution chimique qui produit telle ou telle chaleur spécifique et par suite une capacité inverse de celle-ci pour le calorique, aussi bien que d'autre part son contact avec du calorique libre, cela résulte d'une chaîne de causes antérieures qui sont toutes des *principia fiendi*: mais ce n'est que le concours de ces deux circonstances qui constitue d'abord l'état, qui, comme cause, produit la caléfaction comme effet. Il n'y a nulle place ici pour le *principium essendi* de Wolff, que je n'admets donc pas; si je me suis étendu un peu longuement sur ce sujet, c'est, en partie, parce que j'emploierai cette expression plus loin dans une tout autre

acception et, en partie, parce que cet examen contribue à
bien faire saisir le sens vrai de la loi de causalité. –
3° Wolff distingue encore, comme nous l'avons dit, le
principium cognoscendi et il met encore au nombre des
causes la *causa impulsiva, sive ratio voluntatem
determinans* [la cause incitante ou la raison déterminant la
volonté].

§ 11
PHILOSOPHES ENTRE WOLFF ET KANT

Baumgarten répète dans sa *Métaphysique* (§ 20-24 et
306-313) les distinctions wolffiennes.

Reimarus distingue dans sa *Doctrine de la raison*
(§ 81) : 1° la *raison interne* dont l'explication concorde
avec celle que donne Wolff de la *ratio essendi*, mais qui
conviendrait davantage à la *ratio cognoscendi*, s'il ne
rapportait aux choses ce qui ne vaut que des concepts, et
2° la *raison externe*, c'est-à-dire la *causa*. – Dans les § 120
sq., il détermine bien la *ratio cognoscendi* comme une
condition de toute énonciation ; mais, au § 125, il la
confond quand même avec la cause dans l'exemple qu'il
prend.

Lambert ne mentionne plus, dans son *Novum
Organum*, les distinctions wolffiennes, mais un exemple
montre qu'il fait la différence entre un principe de
connaissance et sa cause ; en effet au tome I, p. 572, il dit
que Dieu est le *principium essendi* des vérités et que ces
dernières sont les *principia cognoscendi* de Dieu.

Platner dit dans ses *Aphorismes* (§ 868)[1] que «ce qui,
dans la représentation, s'appelle principe et conséquence
(*principium cognoscendi, ratio rationatum*), est, dans la
réalité, cause et effet (*causa efficiens – effectus*). Toute
cause est principe de connaissance, tout effet conséquence

---

1. La référence donnée est fausse. Voir § 859-860.

de connaissance.» Il croit donc qu'effet et cause sont ce qui correspond dans la réalité aux concepts de principe et de conséquence dans la pensée et que les premiers se rapportent aux seconds à peu près comme la substance et l'accident au sujet et à l'attribut ou comme la qualité de l'objet à la sensation qu'elle produit en nous, etc. Je tiens pour superflue la réfutation de cette opinion, tout le monde comprenant bien que le rapport de principe à conséquence dans les jugements est tout autre chose que la connaissance de la cause et de l'effet, encore que, dans quelques cas particuliers, la connaissance d'une cause comme telle puisse jouer le rôle de principe d'un jugement qui énonce l'effet (v. § 36).

§ 12

HUME

Avant ce penseur sérieux, nul n'avait encore douté de ce qui suit: tout d'abord, et avant toutes choses, au ciel et sur la terre, il y a le principe de raison suffisante, c'est-à-dire la loi de causalité. Il est, en effet, une *veritas aeterna*, c'est-à-dire qu'il est en et par soi, placé au-dessus des dieux et du destin: tout le reste, au contraire, comme par exemple l'entendement qui pense le principe de raison, comme aussi l'univers entier et également tout ce qui peut être la cause de cet univers, atomes, mouvement, créateur, etc., tout cela n'est ce qu'il est qu'en conformité avec ce principe et en vertu de lui. *Hume* a été le premier à s'aviser de s'enquérir d'où dérivait l'autorité de cette loi de causalité, et de lui demander ses lettres de créance. Le résultat auquel il est parvenu est bien connu: la causalité ne serait rien d'autre que la *succession temporelle* des choses et des états, perçue empiriquement et devenue familière pour nous: chacun sent aussitôt la fausseté de ce résultat et il n'est pas très difficile de le réfuter. Mais le mérite est dans la question même: elle a été le stimulant et le point de départ des recherches profondément méditées de *Kant* et elle a donné aussitôt naissance à un idéalisme plus profond et plus fondamental que celui connu jusqu'alors, principalement celui de Berkeley, c'est-à-dire à l'idéalisme transcendantal qui éveille en nous la conviction que le monde est aussi dépendant de nous dans son ensemble que nous le sommes de lui en particulier. Car, en établissant que les principes transcendantaux sont tels que nous pouvons grâce à eux décider quelque chose *a priori*, c'est-à-dire *avant* toute expérience, sur les choses et sur leur possibilité, il a prouvé par là que ces choses ne peuvent être indépendamment de notre connaissance telles qu'elles se présentent à nous. La parenté de ce monde avec le rêve saute aux yeux.

§ 13
KANT ET SON ÉCOLE

Le passage essentiel de *Kant* sur le principe de raison suffisante se trouve dans l'opuscule *Sur une découverte suivant laquelle toute critique de la raison pure serait devenue inutile* (précisément dans sa première section, sous le titre A). Kant y insiste sur la distinction du principe logique (formel) de la connaissance, à savoir que «toute proposition doit avoir sa raison» d'avec le principe transcendantal (matériel) que «toute chose doit avoir sa cause» et y combat *Eberhard* qui avait voulu identifier ces deux principes[1]. – Je critiquerai plus loin, dans un paragraphe spécial, sa démonstration de l'existence *a priori* de la loi de causalité et de la nature transcendantale de la loi de causalité qui en résulte; mais j'en donnerai auparavant moi-même la seule démonstration exacte.

---

1. KANT, *Réponse à Eberhard*, Ak. VIII, 193 sqq ; v. *Œuvres philosophiques de Kant*, Bibliothèque de la Pléiade, t. II, 1985, p. 1317 sq.

C'est sur ces précédents que les divers manuels de logique qu'a donnés l'école kantienne, par exemple ceux de Hoffbauer [*Analytik der Urteile und Schlüsse*, 1792; *Anfangsgründe der Logik*, 1794], Maass [*Grundriß der Logik zum Gebrauche bei Vorlesungen*, 1793], Jakob [*Grundriß der allgemeinen Logik,* 1788], Kiesewetter [*Grundriß der allgemeinen Logik nach Kantischen Grundsätzen*, 2ème éd. 1802] et autres, déterminent assez exactement la différence entre principe de connaissance et cause. Kiesewetter, en particulier, la formule dans sa *Logique* (t. I, p. 16) d'une manière tout à fait satisfaisante en ces termes: «Il ne faut pas confondre la raison logique (principe de connaissance) avec la raison réelle (cause). Le principe de raison suffisante relève de la logique, celui de causalité relève de la métaphysique (p. 60). L'un est le principe fondamental de la pensée, l'autre, de l'expérience. La cause concerne les choses réelles, le principe logique ne concerne que les représentations.»

Les adversaires de Kant insistent encore plus sur cette distinction. *G.E. Schulze* se plaint dans sa *Logique* (§ 19, rem. 1 et § 63) de la confusion entre principe de raison suffisante et de causalité. *Salomon Maïmon*, dans sa *Logique* (p. 20, 21), déplore que l'on ait beaucoup parlé de raison suffisante sans avoir expliqué ce que l'on entend par là et, dans sa préface (p. XXIV), il reproche à Kant de dériver le principe de causalité de la forme logique des jugements hypothétiques.

F. H. *Jacobi* dit dans ses *Lettres sur la doctrine de Spinoza* (Appendice VII, p. 414) que la confusion du concept de raison avec celui de cause est à la source d'une erreur qui est devenue l'origine de plus d'une spéculation fausse; aussi en indique-t-il la différence à sa manière. Avec tout cela on trouve ici, comme d'ordinaire chez lui, plutôt une jonglerie vaniteuse avec des phrases qu'une discussion philosophique sérieuse.

Enfin, on peut voir comment M. *de Schelling* distingue un principe d'une cause dans ses *Aphorismes pour servir d'introduction à la philosophie naturelle* (§ 184) qui se trouvent au commencement du premier cahier, dans le premier volume des *Annales de médecine* par Marcus et Schelling[1]. On y apprend que la gravité est le *principe* et la lumière la *cause* des choses. – Simple citation donnée à titre de curiosité, car un bavardage aussi frivole ne mérite autrement pas de trouver place parmi les opinions des penseurs sérieux et de bonne foi.

§ 14
DES DÉMONSTRATIONS DU PRINCIPE

Je dois encore mentionner que l'on a plusieurs fois vainement tenté de prouver le principe de raison suffisante en général sans déterminer exactement, la plupart du temps, en quel sens on le prenait. Ainsi procède, par exemple, Wolff dans son *Ontologie* (§ 70) et Baumgarten répète la même démonstration dans sa *Métaphysique* (1783, p. 7). Il serait superflu de la répéter ici aussi et de la réfuter puisqu'elle repose, à l'évidence, sur un jeu de mots. Platner, dans ses *Aphorismes* (§ 828), Jakob, dans sa *Logique et Métaphysique* (1794, p. 38), ont essayé d'autres démonstrations dans lesquelles le cercle vicieux est très facile à voir. De la démonstration de Kant on parlera plus loin, ainsi qu'on l'a dit. Comme, dans cette dissertation, j'espère établir les différentes lois de notre faculté de connaissance dont l'expression commune est le principe de raison suffisante, il sera démontré par là même que le principe en général ne saurait se prouver et que l'on peut appliquer à toutes ces preuves, à l'exception de celle de Kant qui ne vise pas à établir la validité, mais l'apriorité de la loi de causalité, ce que dit Aristote: «Ils cherchent la raison de ce dont il n'y a pas de raison; car le principe de la démonstration n'est pas lui-même une

1. Cf. SCHELLING : *Œuvres métaphysiques (1805-1821)*, trad. J.-F. Courtine et E. Martineau, Gallimard, 1980, p. 55.

démonstration» (*Métaphysique*, III, 6 [1011 a 12]). Car toute démonstration consiste à réduire à quelque chose de connu, et si de cet élément connu, quel qu'il soit, nous demandons toujours à nouveau la preuve, nous aboutirons finalement à certains principes exprimant les formes et lois, et, par suite, les conditions de toute pensée et de toute connaissance, toute pensée et toute connaissance consistant donc à les mettre en œuvre ; de sorte que la certitude n'est rien d'autre que la conformité à ces principes ; leur propre certitude ne peut donc résulter d'autres principes. J'exposerai au chapitre V la nature de la vérité de pareils principes.

Chercher en particulier une preuve au principe de raison est une absurdité toute spéciale prouvant le manque de réflexion. Toute preuve est, en effet, l'exposé de la raison d'un jugement énoncé qui reçoit par là même l'attribut de *vrai*. C'est précisément l'exigence de cette nécessité d'une raison pour tout jugement qu'exprime le principe de raison. Demander une preuve de ce principe, c'est-à-dire l'exposé de sa raison, c'est le tenir par avance pour vrai ; bien plus, c'est fonder sa prétention justement sur cette présupposition. C'est alors tomber dans le cercle vicieux consistant à exiger une preuve du droit d'exiger une preuve.

CHAPITRE III

INSUFFISANCE DE L'EXPOSÉ FAIT JUSQU'ICI ET ESQUISSE D'UN NOUVEL EXPOSÉ

§ 15
CAS QUI NE SONT PAS COMPRIS SOUS LES ACCEPTIONS DU PRINCIPE QUI ONT ÉTÉ DÉJÀ EXPOSÉES

L'aperçu donné au chapitre précédent a pour résultat général que l'on a distingué entre deux applications du principe de raison suffisante, bien que cela ne se soit fait que graduellement avec un retard surprenant, et non sans fréquentes rechutes dans des confusions et des méprises : l'une est son application aux jugements qui doivent toujours avoir une raison pour être vrais ; l'autre son application aux changements des objets réels qui doivent toujours avoir une cause. Nous voyons donc que, dans les deux cas, le principe de raison suffisante autorise à poser la question « pourquoi ? ». Et cette propriété lui reste essentielle. Mais tous les cas où nous avons le droit de demander « pourquoi ? » sont-ils bien compris dans ces deux rapports ? Quand je demande pourquoi les trois côtés de ce triangle sont égaux, la réponse est : parce que les trois angles le sont. Mais l'égalité des angles est-elle la *cause* de celle des côtés ? Non, car il ne s'agit pas ici d'un changement, donc pas d'un effet devant avoir une cause.

– S'agit-il seulement d'un principe de connaissance ? Non, car elle n'est pas seulement la preuve d'un jugement. On ne peut pas voir du tout à partir de simples concepts, pourquoi, si les angles sont égaux, les côtés doivent l'être. Le concept d'égalité des angles ne contient pas celui d'égalité des côtés : il ne s'agit pas ici d'une liaison entre concepts ou jugements, mais entre des côtés et des angles. L'égalité des angles n'est pas le fondement *immédiat* de la *connaissance* de l'égalité des côtés, mais seulement le fondement *médiat*, elle est la raison de la *valeur déterminée* des côtés, en l'occurrence, de leur égalité. Les angles étant égaux, les côtés doivent l'être. On a affaire ici à une liaison nécessaire entre angles et côtés, et non pas immédiatement à une liaison entre des jugements. – Ou encore, lorsque je demande pourquoi quelque chose ne s'est pas produit <*infecta facta*> – jamais, en revanche, pourquoi il est impossible que ce qui a eu lieu n'ait pas eu lieu <*facta infecta fieri possunt*>[1] (c'est-à-dire pourquoi le passé est absolument irréparable et l'avenir inévitable) –, cela ne peut se prouver par la pure logique, par simples concepts. Ce n'est pas non plus affaire de causalité, car la causalité ne gouverne que les *événements donnés* dans le temps, non le temps lui-même. Ce n'est pas en vertu de la causalité, mais immédiatement, par le seul fait de son existence dont l'apparition est néanmoins inévitable, que l'heure présente a précipité celle qui vient d'avoir lieu, dans l'abîme sans fond du passé et l'a anéanti pour toujours. On ne peut le comprendre, ni l'expliquer par de simples concepts ; nous le connaissons immédiatement et par intuition, tout comme la différence entre la droite et la gauche et ce qui en dépend : par exemple, pourquoi le gant gauche ne va pas à la main droite.

Puisque les cas d'application du principe de raison suffisante ne peuvent se ramener tous au principe logique

---

1. Allusion à PLAUTE, *Aulularia*, IV, 10, 741 : « Que veux-tu ? Le mal est fait. Impossible d'y rien changer ».

et à la conséquence, à la cause et à l'effet, c'est que l'on n'a donc pas suffisamment satisfait à la loi de spécification dans cette division. Nous devons toutefois supposer, suivant la loi d'homogénéité, que les cas d'application du principe de raison suffisante ne sont pas distincts à l'infini et qu'ils doivent pouvoir tous être ramenés à certaines espèces. Or, avant de tenter de réaliser cette division, il est nécessaire de déterminer ce qui est propre au principe de raison suffisante dans tous les cas : le concept générique doit être établi avant les concepts des espèces.

§ 16
LA RACINE DU PRINCIPE DE RAISON SUFFISANTE

Notre conscience connaissante, qui se présente comme sensibilité externe et interne (réceptivité), entendement et raison, se décompose en sujet et objet et ne contient rien d'autre. Être objet pour le sujet ou être notre représentation, c'est la même chose. Toutes nos représentations sont des objets du sujet, et tous les objets du sujet sont nos représentations. Mais il se trouve que toutes nos représentations sont entre elles dans une liaison soumise à une règle et dont la forme est a priori déterminable, liaison telle que rien de subsistant pour soi, rien d'indépendant, rien qui soit isolé et détaché ne peut être objet pour nous. C'est cette liaison qu'exprime, dans sa généralité, le principe de raison suffisante. Or, quoique cette liaison, comme nous pouvons le conclure de ce qui a été dit jusqu'ici, prenne des formes diverses, selon les espèces d'objets pour la désignation desquelles le principe de raison change à son tour d'expression, elle conserve cependant toujours l'élément commun à toutes ces formes qu'affirme notre principe pris dans son sens général et abstrait. Ce sont donc les rapports qui sont à son fondement, rapports que j'exposerai par la suite avec davantage de détails, que j'ai appelés les racines du principe de raison suffisante. Or, à examiner les choses de plus près et suivant les lois de l'homogénéité et de la spécification, ces rapports se divisent en classes déterminées, très différentes les unes des autres, qui peuvent être ramenées à quatre, en se réglant sur les quatre classes dans lesquelles se répartit tout ce qui peut devenir objet pour nous, c'est-à-dire toutes nos représentations. Ces classes seront exposées et traitées dans les quatre chapitres qui suivent.

Nous verrons le principe de raison suffisante se présenter différemment dans chacune de ces classes, mais se faire connaître en même temps partout comme le même et comme issu de la racine que l'on vient d'indiquer en ce qu'il autorise partout la formule donnée ci-dessus.

DE LA PREMIÈRE CLASSE D'OBJETS POUR LE SUJET ET DE LA FORME DU PRINCIPE DE RAISON SUFFISANTE QUI Y RÈGNE

§ 17
EXPLICATION GÉNÉRALE DE CETTE CLASSE D'OBJETS

La première classe d'objets possibles pour notre faculté de représentation est celle des représentations *intuitives*, *complètes*, *empiriques*. Elles sont *intuitives* par opposition à celles qui sont de simples pensées, par opposition donc aux concepts abstraits; *complètes*, en ce qu'elles ne renferment pas seulement, suivant la division kantienne, l'*élément formel* des phénomènes, mais leur *élément matériel*; *empiriques*, en partie parce qu'elles ne procèdent pas d'une simple liaison de pensées, mais qu'elles ont leur origine dans une excitation de la sensation de notre organisme sensitif auquel elles renvoient toujours pour la constatation de leur réalité, et en partie parce que, de par l'ensemble des lois de l'espace et de la causalité, elles sont rattachées à ce tout complexe sans fin ni commencement qui constitue la *réalité empirique*. Mais comme cette dernière – ainsi qu'il résulte de la doctrine de Kant –, ne supprime pas l'*idéalité transcendantale* de ces représentations, nous ne les considérerons ici, où il s'agit des éléments formels de la connaissance, qu'en qualité de représentations.

§ 18

ESQUISSE D'UNE ANALYSE TRANSCENDANTALE
DE LA RÉALITÉ EMPIRIQUE

Les formes de ces représentations sont celles du sens interne et du sens externe, le *temps* et *l'espace*. Mais ces formes ne sont *perceptibles* que si elles sont *remplies*. Mais leur *perceptibilité*, c'est la *matière* sur laquelle je vais revenir, ainsi qu'au § 21.

Si le temps était la forme unique de ces représentations, il n'y aurait pas d'*existence simultanée* et donc rien de *permanent* et aucune *durée*. Car *le temps* ne peut être perçu que s'il est rempli et sa continuité ne l'est que par le *changement* de ce qui le remplit. La *permanence* d'un objet ne peut donc être connue que par contraste avec le *changement* d'autres objets coexistants. Mais la représentation de la *coexistence* est impossible dans le temps seul; elle est conditionnée, pour l'autre moitié, par la représentation de l'*espace*, vu que, dans le temps seul, tout est *successif* et que, dans l'espace, tout est *juxtaposé*; elle ne peut donc résulter que de l'union du temps et de l'espace.

Si, d'autre part, l'espace était la forme unique des représentations de cette classe, il n'y aurait pas de *changement*: car le changement ou la variation est une *succession* d'états; or la *succession* n'est possible que dans le *temps*. Ainsi peut-on définir également le temps comme étant la possibilité de déterminations opposées dans le même objet.

Nous voyons donc que si les deux formes des représentations empiriques ont en commun, chose bien connue, la divisibilité et l'extensivité à l'infini, elles se distinguent radicalement l'une de l'autre en ce que ce qui est essentiel à *l'une* n'a aucune signification pour *l'autre* : la juxtaposition n'a aucun sens dans le temps, ni la succession dans l'espace. Cependant les représentations empiriques qui forment l'ensemble de l'expérience apparaissent sous les deux formes à la fois ; et même l'*union intime* de toutes les deux est la condition de l'expérience qui en dérive, à peu près de la façon dont un produit dérive de ses facteurs. Ce qui opère cette *union*, c'est *l'entendement* unissant ces formes hétérogènes de la sensibilité, si bien qu'il résulte de leur pénétration réciproque, quoique pour lui seul, la *réalité empirique* comme une représentation totale maintenue par les formes du principe de raison, encore que dans des limites problématiques ; les représentations singulières appartenant à la première classe sont les parties de cet ensemble et y prennent place en vertu de lois précises dont la connaissance est acquise *a priori* ; dans cet ensemble, il existe simultanément un nombre illimité d'objets ; car, malgré le flux perpétuel du temps, la substance, c'est-à-dire la matière, y est permanente, et quoique l'espace soit rigidement immobile, les états de la matière y changent ; en un mot, le monde objectif et réel tout entier est contenu pour nous dans cet ensemble. Le lecteur intéressé par la question trouvera dans mon ouvrage *Le Monde comme volonté et comme représentation* (I, § 4 ou 1ère éd. p. 12 sqq. [PUF, p. 31 sq.]) un travail complet sur cette analyse de la réalité empirique dont je ne donne ici qu'un aperçu ; il y verra, exposée dans son détail, la manière dont l'entendement, en vertu de sa fonction, arrive à réaliser cette union et à se créer ainsi le monde de l'expérience. Le tableau annexé au chap. 4 du deuxième volume du même livre [PUF, p. 724-726], et vivement recommandé à son attention, des «*praedicabilia a priori* du temps, de l'espace et de la matière» lui sera aussi très utile, car il montre particulièrement comment ce qui oppose l'espace et du temps se réconcilie dans leur matière qui se présente comme leur produit sous la forme de la causalité.

La fonction de l'entendement qui est la base de la réalité empirique va être incessamment exposée en détail; mais quelques explications sommaires sont d'abord nécessaires pour écarter les premiers obstacles que pourrait rencontrer la conception idéaliste ici professée.

§ 19
DE LA PRÉSENCE IMMÉDIATE DES REPRÉSENTATIONS

Mais maintenant, étant donné que, malgré cette union des formes du sens interne et du sens externe opérée par l'entendement en vue de la représentation de la matière et ainsi d'un monde extérieur stable, le sujet ne connaît *immédiatement* que par le *sens interne*, le sens externe étant à son tour l'objet du sens interne qui perçoit les perceptions du premier, le sujet est donc soumis, pour ce qui est de la présence immédiate des perceptions dans sa conscience, aux seules conditions du *temps* à titre de forme du *sens interne*[1] : il en résulte que le sujet ne peut avoir qu'*une* seule représentation distincte à la fois, bien qu'elle puisse comporter beaucoup d'éléments. L'expression : les représentations sont *immédiatement présentes* signifie que nous ne les connaissons pas seulement dans cette union du temps et de l'espace accomplie par l'entendement (qui est, comme on le verra bientôt, une faculté intuitive) en vue de la représentation totale de la réalité empirique, mais que nous les connaissons comme représentations du sens interne, dans le temps pur et cela à ce point mort situé entre les deux directions opposées du temps que l'on appelle le *présent*. La condition évoquée au précédent paragraphe de la présence immédiate d'une représentation de cette classe, c'est son action causale sur

1. KANT, *Critique de la raison pure*, Théorie élémentaire, IIème section [de l'*Esthétique transcendantale*], conséquence des concepts, b et c. A 33, B 49 [Note de Schopenhauer]. Cf. Ak. III, 59 sq ; TP, 63.

nos sens, sur notre corps par conséquent, qui appartient lui-même aux objets de cette classe et qui se trouve donc soumis à la loi qui la gouverne et que nous allons exposer bientôt: la loi de causalité. Comme, à cause de cela, le sujet, de par les lois du monde interne et externe, ne peut pas rester arrêté à cette représentation *unique* et qu'il n'y a pas de simultanéité dans le temps comme tel, cette représentation disparaîtra constamment, refoulée par d'autres suivant un ordre que l'on ne peut déterminer *a priori*, mais qui dépend de faits que nous allons bientôt indiquer. C'est, en outre, un fait bien connu que la fantaisie et le rêve reproduisent la présence immédiate des représentations; mais l'examen de ce fait ne nous incombe pas ici, il relève de la psychologie empirique. Mais, comme malgré cette instabilité et cette séparation des représentations par rapport à leur présence immédiate dans la conscience du sujet, celui-ci conserve néanmoins, au moyen de la fonction de l'entendement, la représentation d'un ensemble de l'expérience comprenant tout en soi, ainsi que je l'ai décrit plus haut, on a considéré, à cause de cette opposition, que les représentations étaient de nature toute différente suivant qu'elles appartiennent à cet ensemble ou qu'elles sont immédiatement présentes à la conscience; on les a appelées, dans le premier cas, *choses réelles*, mais, dans le second seulement, des représentations *par excellence*. Cette théorie qui est la théorie commune porte, on le sait, le nom de *réalisme*. Face au réalisme est venu se placer, lors de l'avènement de la philosophie moderne, l'*idéalisme* qui a gagné toujours plus de terrain. D'abord représenté par Malebranche et Berkeley, il a été élevé par Kant à la puissance d'un idéalisme transcendantal qui rend intelligible la coexistence de la réalité empirique des choses avec leur idéalité transcendantale. Dans la *Critique de la raison pure*, Kant s'exprime notamment en ces termes: «J'entends par idéalisme transcendantal de tous les phénomènes la doctrine d'après laquelle nous les envisageons dans leur ensemble comme de simples représentations et non comme des choses en soi» [1]. Il ajoute, plus loin, dans la note: «l'espace n'est, lui-même, autre chose qu'une représentation et, par conséquent, ce qui est en lui doit être contenu dans la représentation et rien absolument n'est dans l'espace qu'autant qu'il y est réellement représenté» [2] (*Critique du quatrième paralogisme de la psychologie rationnelle*, A 369 et 375). Il dit enfin, dans la réflexion annexée à ce chapitre: «si je supprime le sujet pensant, il faut que tout le monde corporel s'évanouisse, comme n'étant rien que le phénomène dans la sensibilité de notre sujet et un mode de représentation du sujet» [3]. En Inde, l'idéalisme est, pour le brahmanisme comme pour le bouddhisme, le dogme même de la religion populaire: ce n'est qu'en Europe, et à cause des principes essentiellement et absolument réalistes du judaïsme, que ce système passe pour paradoxal. Mais le réalisme n'a pas vu que la soi-disant existence de ces choses réelles n'est cependant *absolument rien que le fait d'être représenté* ou, si l'on persiste à n'appeler représentation *en acte* que la présence immédiate dans la conscience d'un sujet, elle n'est même alors que la possibilité d'être une représentation *en puissance*. Il n'a pas vu qu'en dehors de son rapport au sujet, l'objet cesse d'être objet ou que, si l'on fait abstraction du sujet, on supprime en même temps toute existence objective. *Leibniz* qui sentait bien que la condition nécessaire de l'objet est le sujet, mais qui ne pouvait malgré tout s'affranchir de l'idée d'une existence en soi des objets, indépendante de leur rapport avec le sujet, c'est-à-dire indépendante du *fait qu'ils sont représentés*, a commencé par admettre un monde d'objets en

1. KANT, *Critique de la raison pure*, A 369 ; Ak. IV, 232 ; TP, 299.

2. KANT, *Critique de la raison pure*, A 375 ; Ak. IV, 235 note ; TP, 303 note.

3. KANT, *Critique de la raison pure*, A 383 ; Ak. IV, 240 ; TP, 309.

soi, identique au monde des perceptions et marchant parallèlement avec lui, sans y être toutefois directement lié, mais rien qu'extérieurement par une *harmonia praestabilita* [harmonie préétablie] ; chose la plus superflue qui soit, évidemment, puisqu'elle ne peut pas être perçue elle-même et que ce monde des représentations identique à l'autre n'en poursuit pas moins bien sa marche sans lui. Quand il a voulu ensuite mieux préciser ce type d'être, il a dû déclarer que les objets en soi sont pour des sujets (*monades*) ; il a donné, par là même, la preuve la plus évidente que notre conscience ne connaît, dans les limites de la sensibilité, de l'entendement et de la raison, que sujet et objet, représentant et représenté et qu'en conséquence quand, dans un objet, nous faisons abstraction de sa qualité d'objet (le fait d'être représenté), c'est-à-dire lorsque nous supprimons un objet comme tel tout en voulant poser quelque chose, nous ne pouvons trouver que *le sujet*. Inversement, si nous faisons abstraction de sa qualité de sujet, tout en voulant conserver quelque chose, c'est le cas opposé qui se présente et qui donne naissance au *matérialisme*.

Spinoza qui n'avait pas tiré la chose au clair et qui n'était donc pas encore parvenu à des notions distinctes à ce sujet, avait cependant très bien compris que la relation nécessaire entre le sujet et l'objet leur est tellement essentielle qu'elle est la condition absolue de leur conception possible ; c'est pourquoi il l'a présentée comme une identité du principe connaissant et du principe étendu, dans la substance qui seule existe.

Remarque. Je fais observer, à l'occasion de l'explication capitale contenue dans ce paragraphe, que, si dans la suite de cette Dissertation, je me sers, par souci de brièveté et afin d'être compris plus facilement, de l'expression *objets réels*, il ne faut pas comprendre autre chose par là que les représentations intuitives dont l'enchaînement forme l'ensemble de la réalité empirique, laquelle, considérée en soi, demeure toujours idéale.

§ 20
LE PRINCIPE DE RAISON SUFFISANTE DU DEVENIR

Dans la classe d'objets pour le sujet dont on s'occupe désormais, le principe de raison suffisante se présente comme *loi de causalité* et, à ce titre, je l'appelle *principe de raison suffisante du devenir, principium rationis sufficientis fiendi.* C'est lui, en effet, qui lie entre eux tous les objets se présentant dans la représentation totale qui forme l'ensemble de la réalité empirique, quant à l'apparition et la disparition de leurs états et, par conséquent, dans la direction du cours du temps. C'est le principe suivant. Lorsque surgit un nouvel état d'un ou plusieurs objets, celui-ci doit avoir été précédé d'un autre auquel il succède suivant une règle, c'est-à-dire que toutes les fois que le premier existe, le second aussi. Cette façon de suivre, c'est ce que l'on appelle s'*ensuivre.* Le premier état s'appelle la *cause* et le second l'*effet.* Par exemple, lorsqu'un corps s'embrase, il faut que cet état ait été précédé d'un état : 1° d'affinité avec l'oxygène ; 2° de contact avec ce gaz ; 3° d'un certain degré de température. Comme l'embrasement devait se produire sitôt que cet état serait présent et comme il ne s'est produit qu'à ce moment, il faut donc que cet état n'ait pas toujours été et qu'il ne se soit produit qu'à cet instant même. Cette apparition s'appelle un *changement.* Aussi la loi de la causalité se rapporte-t-elle exclusivement à des changements et n'a affaire qu'à eux. Tout *effet* est, au moment où il se produit, un changement, et, par là même qu'il ne s'est pas encore produit avant, il nous renvoie infailliblement à un autre *changement* qui l'a précédé et qui est cause par rapport au premier ; mais ce second changement, à son tour, s'appelle effet par rapport à un troisième dont il a été nécessairement précédé lui-même. C'est là la chaîne de la causalité ; elle est nécessairement sans commencement. Par suite, tout état nouveau qui se produit doit résulter d'un changement qui l'a précédé ; par exemple, de l'état

d'adjonction au corps de calorique libre dont devait
suivre l'élévation de sa température. Cet état d'adjonction
de la chaleur a lui-même pour condition un changement
précédent, par exemple la réflexion des rayons solaires par
un miroir ardent; celui-ci à son tour peut-être par la
disparition d'un nuage faisant écran au soleil; cette
dernière par le vent; celui-ci par une inégalité de densité
de l'air qui a été amenée par d'autres conditions et ainsi de
suite *in indefinitum*. Là où un état est la condition de
l'apparition d'un nouvel état, dont il contient toutes les
déterminations moins *une seule*, on peut vouloir appeler
cette *unique* détermination quand elle apparaît encore,
donc en dernier lieu, la cause *par excellence*; il est certes
légitime de s'en tenir dans ce cas au dernier changement
qui est assurément décisif ici; mais, cela étant, ce n'est pas
parce qu'une détermination de l'état causal apparaît en
dernier qu'elle prime sur toutes les autres dans l'établis-
sement de la liaison causale des choses en général. Ainsi,
dans l'exemple cité, la fuite des nuages peut bien être
appelée la cause de l'embrasement comme ayant eu lieu
après que le miroir a été dirigé vers l'objet; mais cette
opération aurait pu s'effectuer après le passage du nuage,
l'arrivée de l'hydrogène également: ces déterminations de
temps fortuites auraient donc dû décider, suivant ce point
de vue, quelle est la cause. A examiner les choses plus
exactement, nous trouvons bien plutôt que c'est l'*état tout
entier* qui est la cause de l'état suivant et qu'il est indifférent de savoir dans quel ordre temporel les déterminations se sont réunies. Ainsi donc, on peut bien, dans tel
cas particulier, appeler cause *par excellence* la dernière
circonstance déterminante d'un état, puisqu'elle vient
compléter le nombre des conditions requises et qu'en
conséquence c'est son apparition qui constitue, dans le
cas donné, un changement décisif; mais, à examiner le cas
dans son ensemble, c'est l'*état complet*, celui qui entraîne
l'apparition de l'état suivant, qui doit être tenu pour
cause. Les diverses circonstances déterminantes qui, prises

ensemble, complètent et constituent la cause peuvent être appelées les moments de la cause ou bien encore les *conditions*: la cause peut se décomposer en conditions. Par contre, il est tout à fait faux d'appeler cause, non l'état, mais les objets; ici, par exemple, certains appelleraient à leur guise et sans règle le miroir ardent cause de l'embrasement, d'autres le soleil, d'autres l'oxygène, etc. Mais il n'y a aucun sens à dire qu'un objet est la cause d'un autre; d'abord parce que les objets ne renferment pas seulement la forme et la qualité, mais aussi la *matière* et que celle-ci ne se crée ni ne se détruit; ensuite parce que la loi de causalité ne se rapporte exclusivement qu'à des *changements*, c'est-à-dire à l'apparition et à la cessation des états dans le temps, où elle règle le rapport en vertu duquel l'état précédent s'appelle *cause*, le suivant *effet* et leur liaison nécessaire *conséquence*.

Je renvoie ici le lecteur désireux d'approfondir cette question aux explications fournies dans *Le Monde comme volonté et comme représentation* (vol. II, chap. 4, particulièrement p. 42 sqq. [PUF, p. 717 sq.]). Il est de la plus haute importance, en effet, d'avoir des notions parfaitement nettes et bien fixées sur la vraie et propre signification de la loi de causalité, ainsi que sur sa portée et sa valeur; il faut que l'on reconnaisse clairement qu'elle se rapporte uniquement et exclusivement à des *changements* d'états matériels et à absolument rien d'autre; qu'elle ne doit donc pas être invoquée partout où ce n'est pas *de cela* qu'il est question. Elle est, en effet, ce qui règle les *changements* dans le temps qui surviennent dans les objets de l'*expérience* externe; or ceux-ci sont tous matériels. Un changement ne peut advenir que si quelque autre changement, déterminé par une règle, l'a précédé; mais il se produit alors, amené nécessairement par celui-ci: cette nécessité, c'est la connexion causale.

Si simple que soit donc la loi de causalité, nous la trouvons d'ordinaire énoncée, dans les manuels de philosophie, depuis les temps les plus anciens jusqu'aux plus modernes, d'une tout autre façon, plus abstraite et, par suite, conçue en termes plus larges et plus vagues. On y trouve que la cause est tantôt ce par quoi quelque chose arrive à être, tantôt ce qui produit une autre chose ou ce qui la rend réelle, etc.; Wolff, par exemple, dit que «la cause est un principe dont dépend l'existence ou l'actualité d'un autre être» et cependant il ne s'agit évidemment, en fait de causalité, que des changements dans la forme de la matière incréée et indestructible: naître, arriver à l'existence, est, à parler proprement, une impossibilité pour ce qui n'a jamais été auparavant. Peut-être ces conceptions trop larges, bizarres et fausses, du rapport de causalité tiennent-elles en grande partie à un manque de clarté dans la pensée; mais il est certain qu'il s'y mêle aussi quelque intention, précisément théologique, qui fait de loin les yeux doux à la preuve cosmologique, toute disposée, pour lui complaire, à falsifier même les vérités transcendantales *a priori* (ce lait nourricier de l'esprit humain). On le voit très nettement dans l'ouvrage de Thomas Brown, *Sur la relation de cause à effet*; ce livre de 460 pages qui en était déjà à sa quatrième édition en 1835 et qui en a eu encore probablement plusieurs autres depuis, traite assez bien ce sujet, malgré sa fatigante prolixité professorale. Or cet ànglais a parfaitement reconnu que ce sont toujours les *changements* qui concernent la loi de causalité et que par conséquent tout *effet* est un *changement*; mais il se garde de dire, bien que cela n'ait pu lui échapper, que la cause est également un *changement*; d'où suit que toute cette opération n'est que l'enchaînement ininterrompu de *changements* se succédant dans le temps: il appelle toujours et très maladroitement la cause un *objet précédant* le changement, ou bien encore une substance. A cause de cette expression, si radicalement fausse et qui gâte toutes ses explications, il se démène et se torture tout au long de son interminable ouvrage, allant ainsi contre ce qu'il sait être la vérité et contre sa *conscience*. Et tout cela, pour ne pas faire obstacle à la preuve cosmologique que lui-même et d'autres auraient à établir ultérieurement. – Que doit-il en être d'une vérité à laquelle on doit déjà frayer la route, de loin, par de tels procédés ?

Mais voyons un peu ce que nos bons et loyaux professeurs de philosophie allemands, gens qui placent l'esprit et la vérité par-dessus tout, ont fait de leur côté pour cette très précieuse preuve cosmologique, depuis que *Kant*, dans la Critique de la raison, lui a porté un coup fatal ! Quelque bonne inspiration valait son pesant d'or en cette occurrence ; car (ils le savent bien, ces gens estimables, s'ils ne le disent pas) la *causa prima*, tout comme la *causa sui*, est une *contradictio in adjecto* ; quoique la première expression soit plus fréquemment employée que la seconde, on a l'habitude de ne la prononcer qu'en prenant une mine bien grave, solennelle même ; certains, particulièrement les Révérends anglais, roulent les yeux d'une manière tout à fait édifiante, lorsqu'ils prononcent, d'une voix emphatique et émue, *the first cause* – cette *contradictio in adjecto*. Ils savent très bien qu'une première cause est tout aussi impensable que l'endroit où l'espace finit ou que l'instant où le temps a commencé. Car toute cause est un changement à l'occasion duquel on doit nécessairement demander quel est le changement qui l'a précédé et par lequel *il a été* produit et ainsi de suite *in infinitum, in infinitum* ! On ne peut même pas concevoir un premier état de la matière dont tous les états suivants seraient issus, du moment que ce premier état ne continue pas d'être. Car s'il avait été en soi leur cause, tous ces états auraient aussi dû être de tout temps et l'état actuel n'aurait pas pu n'être qu'en cet instant. Si, au contraire, il n'a commencé à être cause qu'à un moment donné, il faut qu'à ce moment-là quelque chose soit venu le *changer* pour qu'il ait cessé d'être en repos ; mais alors il est intervenu quelque chose, il s'est produit un changement dont nous devons immédiatement demander la cause, c'est-à-dire le changement qui a précédé *ce changement*; et alors nous nous trouvons sur l'échelle des causes que l'implacable loi de causalité nous contraint à gravir, d'échelon en échelon, à coups de fouets, toujours plus haut encore – *in infinitum, in infinitum.* (Ces messieurs auront-ils par hasard l'impudence de venir me soutenir que la matière elle-même est née du néant? Il y a plus loin, à leur usage, quelques corollaires pour y répondre.) La loi de causalité n'est donc pas assez complaisante pour qu'on puisse en user comme d'un fiacre que l'on congédie une fois qu'on est parvenu à destination. Elle ressemble plutôt à ce balai que l'apprenti sorcier anime, dans la ballade de Goethe, et qui, une fois mis en mouvement, ne cesse plus de courir et de puiser de l'eau, si bien que le vieux maître sorcier peut seul le faire revenir au repos. Il est vrai que ces messieurs, tous autant qu'ils sont, ne sont guère des maîtres sorciers. – Qu'ont-ils fait alors, ces nobles et sincères amis de la vérité, eux qui sont en permanence à l'affût seulement du mérite dans leur spécialité pour le faire savoir au monde sitôt qu'il apparaît, lorsque quelqu'un d'autre est véritablement ce qu'ils ne font que simuler, eux qui, loin de chercher à étouffer ses travaux en gardant un silence sournois et en les ensevelissant lâchement dans le secret, se font plutôt tout d'abord les hérauts de son mérite, – et cela infailliblement, aussi infailliblement que la déraison aime, fait bien connu, par-dessus tout la raison? Oui, qu'ont-ils fait pour leur vieille amie, pour cette pauvre preuve cosmologique si durement éprouvée et gisant déjà sur le flanc? – Ah! ils ont imaginé une ruse ingénieuse. «Chère amie, lui ont-ils dit, tu es malade, bien malade, depuis ta rencontre fatale avec le vieil entêté de Königsberg, aussi malade que tes sœurs l'ontologique et la physico-théologique. Mais rassure-toi; *nous*, nous ne t'abandonnons pas pour cela (tu sais que nous sommes payés pour cela)»: cependant il faut – impossible de faire autrement – que tu changes de nom et d'habit: car si nous t'appelons par ton nom, nous ferons fuir tout le monde; tandis que si tu vas *incognito*, nous pouvons te donner le bras et te présenter de nouveau aux gens : seulement, encore une fois, *incognito* : et ça marchera ! Donc, pour commencer, ton thème va s'appeler désormais l'*Absolu* ! Cela sonne comme un terme bizarre, digne et important – et nous savons mieux que personne tout ce qu'on peut entreprendre auprès des Allemands en se donnant des airs importants. Ce qu'on entend par ce mot ? Ah mais, tout le monde le comprend et se croit encore très savant par-dessus le marché. Quant à toi, il faut que tu te présentes déguisée en enthymème. Dépose bien soigneusement au vestiaire tous ces prosyllogismes et ces prémisses par lesquels tu nous as traînés jusqu'au sommet de ton long climax : on sait trop aujourd'hui que cela est sans valeur. Faisant alors ton apparition, jouant le rôle d'un personnage sobre en paroles, fier, audacieux et important, tu arriveras, d'un bond, au but. « L'Absolu, crieras-tu (et nous ferons chorus), voilà qui *doit être*, diable, sans quoi rien n'existerait ! » (Tu frappes ici du poing sur la table). « Vous demandez d'où cette chose pourrait bien venir ? Sotte question ! ne vous ai-je pas dit que c'est l'Absolu ? » – Ça marche, parole d'honneur, ça marche ! Les Allemands sont habitués à accepter des mots à la place des concepts ; nous les y dressons à fond dès leur jeunesse ; – voyez seulement les productions de Hegel : qu'est-ce sinon un fatras de paroles, vide, creux et qui donne la nausée ? Et cependant quelle brillante carrière que celle de cette créature philosophique ministérielle ! Il ne lui a fallu pour cela que quelques lâches compères pour entonner la glorification du vil pseudo-philosophe et aussitôt leurs voix ont fait retentir dans les crânes vides de milliers de crétins un écho qui vibre et qui se propage encore aujourd'hui : et voilà comment on a métamorphosé en grand philosophe une cervelle ordinaire, mieux, un vulgaire charlatan. Prends donc courage ! Du reste, chère amie et patronne, nous te seconderons encore par d'autres moyens ; tu sais que nous ne pourrions vivre sans toi ! – Le vieux chicaneur de

Königsberg a critiqué la raison et lui a rogné les ailes; – soit! Eh bien, nous inventerons une *nouvelle* raison dont nul n'avait entendu parler jusque-là, une raison qui ne pense pas, mais qui a l'intuition immédiate, qui *intuitionne* des idées (un noble terme, créé pour mystifier) en chair et en os, ou encore qui les intuitionne, qui *perçoit*[1] immédiatement ce que lui et les autres voulaient prouver d'abord ou bien – chez ceux-là du moins qui ne veulent pas faire de concessions, mais qui se contentent tout de même de peu – qui le *pressent*. Ces notions populaires, inculquées de bonne heure aux hommes, nous les faisons passer pour des inspirations de cette nouvelle raison de notre façon, c'est-à-dire, à proprement parler, pour des inspirations d'en haut. Quant à l'ancienne raison que l'on a critiquée à fond, nous la dégradons; nous l'appelons *entendement* et nous nous en débarrassons. Et le véritable entendement, l'entendement proprement dit? – Mais, pour l'amour du ciel, qu'avons-nous à faire de l'entendement véritable, de l'entendement proprement dit? – Tu souris d'incrédulité? mais nous connaissons notre public et les naïfs étudiants assis sur ces bancs devant nous. Bacon de Verulam n'a-t-il pas déjà dit que «dans les Universités, les jeunes gens apprennent à croire»? C'est chez nous qu'ils peuvent en apprendre à foison sur ce sujet. Nous avons une bonne provision d'articles de foi. – Si la timidité t'arrête, il te suffira de te rappeler que nous sommes en Allemagne, où l'on a pu faire ce qui aurait été impossible ailleurs: proclamer grand esprit et un profond penseur, un écrivailleur d'absurdités qui, par un fatras de paroles creuses comme on en a jamais entendues, a complètement et irrémédiablement détraqué les esprits – je veux parler de notre cher Hegel: et non seulement on a pu le faire sans être puni ni hué, mais

---

1. Jacobi fait de la raison (*Vernunft*) une faculté de perception (*vernehmen*) de l'absolu et reproche à Kant de n'avoir entendu sous le nom de raison que l'entendement (*Verstand*).

encore les braves gens le croient, ma foi! ils y croient depuis trente ans et maintenant encore! – Si nous arrivons avec ton concours à avoir seulement l'Absolu, malgré Kant et sa critique, nous voilà sauvés! – Alors, de ces hauteurs, nous nous mettons à philosopher: par les déductions les plus diverses, n'ayant en commun que leur assommant ennui, de cet Absolu nous faisons dériver le monde, que nous appelons aussi le *Fini*, pendant que l'autre s'appellera l'*Infini* – ce qui procure une agréable variation dans notre fatras, – et surtout nous ne parlons jamais que de Dieu, nous expliquons comment, pourquoi, à quelle fin, par quel motif, par quelle opération, volontaire ou involontaire, il a fait ou engendré le monde; s'il est en dedans ou en dehors, etc., comme si la philosophie était de la théologie et comme si elle n'avait pas pour mission d'expliquer le monde, mais Dieu.»

Ainsi donc la preuve cosmologique, visée par la précédente apostrophe et dont nous nous occupons ici, consiste en réalité à affirmer que le principe de la raison du devenir (ou loi de causalité) conduit nécessairement à une pensée qui le supprime lui-même et le déclare nul et non avenu. Car on n'arrive à la *causa prima* (l'Absolu) qu'en remontant de l'effet à la cause une série aussi longue que l'on voudra; mais on ne saurait s'arrêter à une cause première sans annuler le principe de raison.

Maintenant que j'ai démontré ici, clairement et nettement, le néant de la preuve cosmologique comme j'avais démontré dans un second chapitre celui de la preuve ontologique, le lecteur intéressé désirerait peut-être qu'on lui fournisse les éclaircissements nécessaires pour connaître la preuve physico-théologique qui a un caractère bien plus spécieux. Mais ce n'est pas du tout ici le lieu, son objet relevant d'une tout autre partie de la philosophie. Il me faut donc renvoyer pour cela d'abord à

Kant, à la *Critique de la raison pure*[1] et aussi, *ex professo*, à la *Critique de la faculté de juger*[§ 85], et ensuite, pour compléter sa méthode qui est purement négative, je renvoie à la mienne, positive, que j'ai exposée dans *La volonté dans la nature* [PUF, p. 94 sqq.], livre de petite dimension, mais riche et important de par son contenu. En revanche, le lecteur qui ne s'intéresse pas à ce sujet n'a qu'à transmettre intact à ses arrière-neveux cet opuscule et même tous mes autres écrits. Je ne me soucie guère de lui : car je n'existe pas pour mes contemporains, mais pour de nombreuses générations.

Vu que la loi de causalité nous est, ainsi qu'on l'établira au prochain paragraphe, connue *a priori*, qu'elle est donc transcendantale, valable pour toute expérience possible et qu'elle ne souffre donc aucune exception ; vu qu'en outre elle établit qu'à un état donné et déterminé, premier en un sens relatif, doit succéder, en vertu d'une règle, c'est-à-dire en tout temps, un second état également déterminé, il s'ensuit que le rapport de cause à effet est nécessaire, donc que la loi de causalité autorise les jugements hypothétiques et se présente par là sous la forme du principe de raison suffisante sur lequel doivent s'appuyer tous les jugements hypothétiques et sur lequel repose toute *nécessité*, ainsi qu'on le montrera plus tard.

J'appelle cette forme de notre principe «principe de raison suffisante du *devenir*» parce que son application présuppose toujours un changement, la production d'un nouvel état, donc un devenir. Ce qui le caractérise encore essentiellement, c'est que la cause précède toujours l'effet dans le temps (cf. § 47) ; et ce n'est qu'à cela qu'on peut reconnaître, à l'origine, quel est, de deux états joints entre eux par le lien causal, celui qui est cause et celui qui est effet. A l'inverse, il est des cas où l'enchaînement causal nous est connu par une expérience antérieure, mais où la

1. KANT, *Critique de la raison pure*, A 620 sq / B 648 sq ; Ak.III, 413 sq ; TP, 440 sq.

succession des états est si rapide qu'elle échappe à notre perception: nous concluons alors en toute assurance de la causalité à la succession: par exemple, que l'embrasement de la poudre précède l'explosion. Je renvoie là-dessus à mon ouvrage *Le Monde comme volonté et comme représentation* (vol. II, chap. 4, p. 41 [PUF, p. 713]).

De cette liaison essentielle entre la causalité et la succession, il résulte encore que le concept d'*action réciproque*, prise au sens strict, est nul, car il suppose que l'effet est à son tour la cause de sa cause, donc que le conséquent a été en même temps l'antécédent. J'ai exposé en détail combien cette notion si usuelle est mal fondée dans *Le Monde comme volonté et comme représentation*, dans l'annexe intitulée *Critique de la philosophie kantienne* (p. 517-521 de la 2ème éd.) [PUF, p. 576 sqq.]; j'y renvoie donc. On remarquera que les auteurs emploient d'ordinaire cette expression là où ils commencent à ne plus bien voir clair; c'est pourquoi aussi son usage est si fréquent. Il n'y a vraiment pas mieux pour tirer d'embarras un écrivailleur auquel les idées font défaut, que celle d' «action réciproque»; aussi le lecteur peut-il la considérer comme une sorte de signal d'alarme indiquant que l'on aborde un terrain miné. Remarquons encore à ce sujet que cette expression d'action réciproque n'existe qu'en allemand et qu'aucune langue n'en possède d'équivalent usuel.

De la loi de causalité découlent deux *corollaires* importants qui lui doivent leur caractère authentique de connaissance *a priori*, qui sont placés par conséquent hors de tout doute et qui ne comportent aucune exception: ce sont les *lois d'inertie* et de *permanence de la substance*. La première énonce que tout état d'un corps, état de repos comme de mouvement, quel qu'il soit, doit persévérer et continuer éternellement, sans modification, sans diminution comme sans augmentation, s'il ne survient pas une cause qui le modifie ou le supprime. – La seconde qui prononce l'éternité de la matière, dérive de ce que la loi de

causalité ne se rapporte qu'aux *états* des corps, tels que
repos, mouvement, forme et qualité, étant donné qu'elle
préside à leur apparition et à leur disparition et qu'elle ne
se rapporte aucunement à l'existence de *ce qui supporte*
ces états et que l'on a nommé substance justement pour
exprimer son exemption de toute génération et de toute
corruption. *La substance est permanente*: c'est-à-dire
qu'elle ne peut ni naître, ni périr; en conséquence, la
quantité qui en existe au monde ne peut ni augmenter, ni
diminuer. La preuve que nous en avons une connaissance
a priori, c'est la conscience de la certitude inébranlable
avec laquelle quiconque, voyant disparaître un corps
donné, que ce soit par des tours de prestidigitation, ou par
division ou par l'action du feu, par volatilisation ou par
quelque autre procédé, croit fermement à l'avance que,
quoi qu'il ait pu arriver à la *forme* du corps, sa substance,
c'est-à-dire sa *matière*, doit rester intacte et pouvoir être
retrouvée quelque part; de même que, lorsqu'un corps se
rencontre là où il n'existait pas auparavant, nous sommes
fermement convaincus qu'il y a été apporté ou qu'il s'est
formé par la concrétion de particules invisibles, par
précipitation par exemple, mais que jamais il n'a pu naître,
quant à sa substance (sa matière), ce qui implique une
impossibilité radicale et est absolument inimaginable. La
certitude avec laquelle nous établissons ce fait à l'avance
(*a priori*) provient de ce que notre entendement manque
entièrement d'une forme sous laquelle il puisse concevoir
la naissance ou la destruction de la matière; car la loi de
causalité qui est la forme unique sous laquelle nous
puissions concevoir les changements en général ne se
rapporte toujours qu'aux *états* des corps, nullement à
l'existence de ce qui *supporte* les changements, la *matière*.
C'est pourquoi je pose le principe de la permanence de la
substance comme corollaire de la loi de causalité. Nous ne
pouvons, non plus, avoir acquis la conviction de la
permanence de la substance *a posteriori*, en partie parce
que, dans la plupart des cas, l'état de cause est impossible

à constater empiriquement; en partie parce que toute connaissance empirique, acquise par pure induction, n'est jamais qu'approximative et n'offre donc toujours qu'une certitude précaire et jamais absolue: c'est pourquoi aussi la fermeté de notre conviction à l'égard de ce principe est d'une tout autre espèce et d'une tout autre nature que celle de l'exactitude de n'importe quelle loi naturelle obtenue *empiriquement*: car la première a une solidité inébranlable, qui ne chancelle jamais. Cela vient justement de ce que ce principe exprime une connaissance *transcendantale*, c'est-à-dire qui détermine et fixe, *avant* toute expérience, tout ce qui, de quelque façon que ce soit, est possible dans toute expérience; mais par là même le monde de l'expérience est abaissé au rang de pur phénomène cérébral. Même la loi de la gravitation, de toutes les lois naturelles la plus générale et la moins discutable, est déjà d'origine empirique, par conséquent sans garantie pour son universalité; aussi la voit-on parfois contestée; des doutes s'élèvent aussi de temps à autre sur la question de savoir si elle s'applique aussi en dehors de notre système solaire et les astronomes ne manquent jamais non plus de faire ressortir tous les indices et toutes les constatations qu'ils en peuvent trouver occasionnellement, prouvant par là même qu'ils la considèrent comme simplement empirique. On peut certainement poser la question de savoir si, entre corps qui seraient séparés par un vide *absolu*, la gravitation se manifesterait encore ou si, dans notre système solaire, elle ne se produirait pas par l'entremise d'un éther et si, par suite, elle pourrait agir entre étoiles fixes, ce qui ne peut être décidé qu'empiriquement. Tout cela prouve que nous n'avons pas affaire ici à une connaissance *a priori*. Quand, au contraire, nous admettons, ainsi qu'il est vraisemblable, que chaque système s'est formé par la condensation progressive d'une nébuleuse cosmique originaire, selon l'hypothèse de Kant-Laplace nous ne pouvons pas néanmoins penser un seul instant que cette matière soit née du *néant* et nous sommes obligés de supposer ses particules comme ayant existé auparavant quelque part et comme n'ayant fait que se rencontrer; et tout cela précisément parce que le principe de la permanence de la substance est transcendantal. J'ai exposé en détail dans ma *Critique de la philosophie kantienne* (p. 550 sqq. de la 2ème éd. [PUF, p. 591 sqq.]) que la *substance* n'est du reste qu'un synonyme de la *matière*, car le concept de substance ne peut se réaliser qu'à l'égard de la matière et lui doit donc son origine; j'y expose aussi tout spécialement comment ce concept n'a été créé que pour permettre une subreption. Cette éternité, certaine *a priori*, de la matière (appelée permanence de la substance) est, comme bien d'autres vérités tout à fait certaines, un fruit défendu pour les professeurs de philosophie; aussi passent-ils sournoisement devant elle en se contentant de lui jeter des regards obliques et craintifs.

Cette chaîne infinie des causes et des effets qui dirige tous les *changements* et qui ne s'étend jamais au-delà, laisse intacts, pour cette même raison, deux êtres: il s'agit d'une part, comme on vient de le montrer, de la *matière* et, d'autre part, des *forces naturelles primitives*: la première parce qu'elle est ce qui *supporte* ou *ce dans quoi* se produisent les changements; les secondes parce qu'elles sont *ce par quoi* les changements ou effets sont possibles, généralement parlant, ce qui communique avant tout aux causes la causalité, c'est-à-dire la faculté d'agir, donc ce qui fait qu'ils la reçoivent de ses mains comme un fief. Cause et effet sont les *changements* conjoints dans le temps et astreints à se succéder nécessairement: les forces naturelles, par contre, par lesquelles toute cause agit, sont soustraites à tout changement et, en ce sens, complètement en dehors du temps, mais par là même toujours et partout existantes, partout présentes, inépuisables, toujours prêtes à se manifester dès que, guidée par la causalité, l'occasion s'en présente. La cause est toujours, comme son effet, quelque chose d'individuel, un changement unique: la force naturelle, au contraire, est quelque chose de général, d'invariable, de présent en tout lieu comme en tout temps. Par exemple, l'ambre attirant en ce moment un flocon, voilà un effet; sa cause, c'est que l'on avait frotté précédemment et approché actuellement l'ambre; et la force naturelle qui a agi ici et qui a présidé à l'opération, c'est l'électricité. On trouvera ce sujet exposé avec un exemple plus explicite dans *Le Monde comme volonté et comme représentation* (vol. I, § 26, p. 153 sqq. [PUF, p. 186-201]) où j'ai montré par un long enchaînement de causes et d'effets comment les forces naturelles les plus variées apparaissent et entrent en jeu successivement; cet exemple rend facile à saisir la différence entre la cause et la force naturelle, entre le phénomène éphémère et la forme éternelle d'activité; comme tout ce long § 26 est consacré, d'une manière générale, à cette question, l'exposé sommaire que j'en ai donné ici doit suffire. La *règle* à laquelle est soumise toute force naturelle en ce qui concerne sa *manifestation* dans la chaîne des causes et effets, ainsi donc le lien qui l'unit à cette chaîne, c'est la *loi naturelle*. La confusion entre force naturelle et cause est cependant aussi fréquente que pernicieuse pour la clarté de la pensée. Il semble même qu'avant moi nul n'avait nettement séparé ces notions, si nécessaire que cela soit. Non seulement on transforme les forces naturelles en causes quand on dit par exemple, l'électricité, la pesanteur, etc., est cause, mais certains même en font des effets puisqu'ils s'enquièrent de la cause de l'électricité, de la pesanteur, etc., ce qui est absurde. Mais il en va tout autrement quand on réduit le nombre des forces naturelles: par là on réduit une de ces forces à quelque autre, comme on a réduit, de nos jours, le magnétisme à l'électricité. Toute force naturelle *véritable*, c'est-à-dire réellement primitive – et toute propriété chimique fondamentale est de cette nature –, est essentiellement *qualitas occulta*; ce qui veut dire qu'elle n'admet plus d'explication physique, c'est-à-dire dépassant le phénomène. Aucun philosophe n'a poussé aussi loin la confusion ou plutôt l'identification de la force naturelle et de la cause que *Maine de Biran* dans ses *Nouvelles considérations des rapports du physique au moral*, parce qu'elle est essentielle à sa doctrine. Il est curieux d'observer ici que, lorsqu'il parle de causes, il ne dit presque jamais cause tout court, mais chaque fois *cause ou force**, tout comme nous avons vu plus haut, au § 8, Spinoza dire huit fois dans une même page *ratio sive causa*. C'est qu'ils savent bien, tous les deux, qu'ils identifient deux concepts hétérogènes afin de pouvoir faire valoir, selon les moments, tantôt l'un, tantôt l'autre de ces concepts; ils sont donc obligés à cette fin de maintenir cette identification constamment présente à l'esprit du lecteur.

Cette causalité qui préside donc à tout changement, quel qu'il soit, apparaît dans la nature sous *trois* formes différentes: comme *cause* au sens strict du mot, comme *excitation* et comme *motif*. C'est même sur cette diversité que repose la différence réelle et essentielle entre les corps inorganiques, la plante et l'animal, et non sur les caractères anatomiques extérieurs ou même sur les caractères chimiques.

La *cause*, dans son sens le plus restreint, est exclusivement ce après quoi se produisent les changements dans le règne *inorganique*, c'est-à-dire ces effets qui forment l'objet de la mécanique, de la physique et de la chimie. C'est à la cause seule que s'applique la troisième loi fondamentale de Newton: «l'action est égale à la réaction»; cette loi signifie que l'état précédent (la cause) subit un changement qui équivaut en grandeur au changement que cet état a produit (l'effet). En outre, dans cette forme de causalité seule, l'intensité du résultat est toujours rigoureusement mesurée à l'intensité de la cause,

---

* Les expressions suivies d'un astérisque sont en français dans le texte.

de façon à ce que celle-ci étant connue, on peut en déduire l'autre et réciproquement.

La seconde forme de la causalité, c'est *l'excitation*; elle régit la vie organique comme telle, ainsi donc la vie des plantes et la partie végétative, inconsciente donc, de la vie animale, partie qui est précisément une vie de végétal. Ce qui la distingue, c'est l'absence des caractères de la première forme. Ici donc, l'action n'est pas égale à la réaction et l'intensité de l'effet, à tous ses degrés, n'a nullement une marche conforme à celle de l'intensité de la cause : bien plus, il peut se faire que, par le renforcement de la cause, l'effet s'inverse.

La troisième forme de la causalité, c'est le *motif* : comme telle, elle dirige la vie animale, donc *l'action*, c'est-à-dire les actes extérieurs et accomplis consciemment par tous les animaux. Le médium des motifs est la *connaissance*; la réceptivité pour les motifs exige donc un intellect. Ce qui caractérise réellement l'animal, c'est donc la connaissance, la représentation. L'animal comme tel se meut toujours vers un but et une fin : il doit donc les avoir *reconnus*, c'est-à-dire que ce but et cette fin doivent se présenter à l'animal comme quelque chose de distinct de lui et dont néanmoins il acquiert la conscience. Il faut donc définir l'animal : ce qui connaît; peut-être aucune autre définition n'atteint-elle le point essentiel; peut-être même aucune autre n'est-elle à l'épreuve de la critique. Là où la connaissance fait défaut, disparaît nécessairement en même temps la faculté de se mouvoir en vertu de motifs; il ne reste donc plus alors que la motion en vertu d'excitations, c'est-à-dire la vie végétative; c'est pourquoi sensibilité et irritabilité sont inséparables. Mais le mode d'action d'un motif diffère de celui d'une excitation d'une manière évidente : l'action du premier peut en effet être très courte, voire momentanée; car son activité, à l'opposé de celle de l'excitation, est sans rapport aucun avec sa durée, avec la proximité de l'objet, etc.; pour que le motif agisse, il suffit qu'il ait été perçu, tandis que l'excitation

demande toujours le contact, souvent même l'intus-
susception, mais dans tous les cas, une certaine durée.

Cette brève indication des trois formes de la causalité
doit suffire ici. On en trouvera l'exposé détaillé dans mon
mémoire de concours sur la liberté (p. 30-34 des *Deux
problèmes de l'éthique*)[1]. Je n'insisterai ici que sur un seul
point. La différence entre cause, excitation et motif n'est
évidemment que la conséquence du degré de *réceptivité*
des êtres; plus cette réceptivité est grande, plus l'action
peut être facile: il faut que la pierre soit poussée; l'homme
obéit au regard. Tous deux cependant sont mus par une
raison suffisante, donc avec une égale nécessité. Car la
motivation n'est que la causalité passant par la
connaissance: c'est l'intellect qui est l'intermédiaire des
motifs, parce qu'il est le degré suprême de la réceptivité.
Mais la loi de causalité ne perd rien, pour autant, de sa
certitude ni de sa rigueur. Le motif est une cause et·agit
avec la nécessité qu'entraînent toutes les causes. Chez
l'animal dont l'intellect est simple, ne fournissant donc
que la connaissance du présent, cette nécessité est facile à
apercevoir. L'intellect de l'homme est double: à la
connaissance par l'intuition sensible, il joint encore la
connaissance abstraite qui n'est pas liée au présent: c'est-
à-dire qu'il a la raison. C'est pourquoi il a le pouvoir de se
déterminer par choix avec une claire conscience; ce qui
veut dire qu'il peut mettre en balance et comparer des
motifs qui, comme tels, s'excluent mutuellement, c'est-à-
dire qu'il peut leur permettre d'essayer leur pouvoir sur sa
volonté; après quoi, le plus énergique le détermine et sa
conduite en résulte aussi nécessairement que le roulement
de la boule que l'on frappe. La liberté du vouloir cela veut
dire (non pas d'après le verbiage des professeurs de
philosophie) qu'*un homme donné pourrait, dans une
situation donnée, agir de deux manières différentes*. Mais

1. Cf. *Essai sur le libre arbitre*, trad. S. Reinach, chap. III,
p. 56 sqq.

la parfaite *absurdité* de cette proposition est une vérité aussi certaine et aussi clairement démontrée que peut l'être une vérité qui outrepasse le domaine des mathématiques pures. On trouve cette vérité exposée dans mon mémoire de concours sur la liberté de la volonté – mémoire qu'a couronné la Société royale des sciences de Norvège –, de la manière la plus claire, la plus méthodique, la plus profonde, et en tenant aussi tout spécialement compte des faits de conscience par lesquels les ignorants croient pouvoir accréditer l'absurdité relevée ci-dessus. Mais Hobbes, Spinoza, Priestley, Voltaire, de même Kant[1] ont déjà enseigné la même chose sur l'essentiel. Cela n'empêche pas nos dignes professeurs de

1. « Quel que soit le concept que, du point de vue métaphysique, on puisse se faire de la liberté du vouloir, il reste que les manifestations phénoménales de ce vouloir, les actions humaines, sont déterminées selon les lois universelles de la nature, exactement au même titre que tout autre événément naturel. » KANT, *Idée d'une histoire universelle au point de vue cosmopolitique*, début. – « Toutes les actions de l'homme dans le phénomène sont donc déterminées suivant l'ordre de la nature par son caractère empirique et par les autres causes concomitantes, et si nous pouvions scruter jusqu'au fond tous les phénomènes de sa volonté, il n'y aurait pas une action humaine que nous ne puissions prédire avec certitude et reconnaître comme nécessaire d'après ses conditions antérieures. Au point de vue de ce caractère empirique, il n'y a donc pas de liberté, et ce n'est cependant qu'à ce point de vue que nous pouvons considérer l'homme quand nous voulons uniquement observer, et, comme cela se fait dans l'anthropologie, scruter physiologiquement les causes déterminantes de ses actes. » *Critique de la raison pure* – « On peut donc accorder que, s'il était possible pour nous d'avoir de la manière de penser d'un homme, telle qu'elle se montre par des actions internes, aussi bien qu'externes, une connaissance assez profonde pour que chacun de ses mobiles, même le moindre, fût connu en même temps que toutes les occasions extérieures qui agissent sur ces derniers, on pourrait calculer la conduite future d'un homme avec autant de certitude qu'une éclipse de lune ou soleil. » *Critique de la raison pratique*. [Note de Schopenhauer]. (*Œuvres philosophiques de Kant*, t. II, Bibliothèque de la Pléiade, Gallimard, 1985, p. 187 (v. Ak. VIII, 17). Cf. *Critique de la raison pure*, A 558-9 / B 577-8 ; Ak. III, 372 ; TP, 403. *Critique de la raison pratique*, Ak. V, 99, trad. Picavet, PUF, p. 165).

philosophie de parler tout naïvement, et comme si rien n'avait été fait à cet égard, de la liberté de la volonté comme d'une affaire entendue. Ces messieurs s'imaginent, n'est-ce pas, que si les grands hommes nommés ci-dessus ont existé de par la grâce de la nature, c'est uniquement pour qu'*eux-mêmes* puissent vivre de la philosophie. – Mais, lorsqu'à mon tour, dans mon mémoire couronné, j'ai eu exposé la question avec plus de clarté qu'on ne l'avait fait auparavant et avec la sanction d'une Société royale qui a admis ma dissertation dans ses mémoires, il était certes alors du devoir de ses messieurs, vu leurs dispositions que je viens d'indiquer, de s'élever contre une doctrine aussi fausse et aussi pernicieuse, contre une hérésie aussi affreuse et de la réfuter à fond. Devoir d'autant plus impérieux pour eux que, dans le même volume (*Les problèmes fondamentaux de l'éthique*), dans mon mémoire de concours sur *Le fondement de la morale* [cf. tout le chapitre II], j'ai démontré que la raison pratique de Kant, avec son impératif catégorique, que ces messieurs continuent de faire servir de pierre angulaire à leurs plats systèmes de morale sous le nom de «loi morale», est une hypothèse non fondée et nulle; et je l'ai prouvé si irréfutablement et clairement qu'il y a longtemps qu'il n'est plus d'homme qui ajoute foi à cette fiction, s'il lui reste encore une étincelle de jugement. – Eh bien, ils l'ont fait, je suppose! – Oh! ils se gardent bien de se laisser entraîner sur un terrain glissant. Se taire, ne souffler mot, voilà tout leur talent, l'unique arme qu'ils ont à opposer à tout ce qui est sérieux et vrai. Dans aucune des innombrables et inutiles productions de ces écrivailleurs, parues depuis 1841, il n'est fait la moindre mention de mon Éthique, bien qu'elle soit, sans conteste, ce qu'on a fait de plus important en morale depuis soixante ans; l'effroi que ma vérité et moi leur inspirons est tel qu'aucune des feuilles littéraires publiées par les académies et les universités n'a seulement annoncé mon ouvrage. Chut, chut, que le public ne s'aperçoive de rien!

Telle est leur politique permanente. On ne saurait nier que c'est certainement l'instinct de conservation qui est le motif de ces manœuvres adroites. Car une philosophie qui recherche la vérité sans rien ménager ne doit-elle pas jouer, au milieu des petits systèmes conçus avec mille ménagements par des gens qui ont reçu cette mission parce que «bien pensants», le rôle du pot de fer au milieu des pots de terre? La peur effroyable qu'ils ont de mes écrits est celle que leur inspire la vérité. Pour donner un seul exemple à l'appui, cette doctrine de la nécessité absolue de tous les actes de la volonté n'est-elle pas précisément en contradiction criante avec toutes les suppositions admises par cette philosophie de vieille femme, si fort en vogue et taillée sur le patron du judaïsme : mais, bien loin que cette vérité, si rigoureusement démontrée, en soit ébranlée, c'est elle qui, comme une donnée certaine et comme un point d'orientation, comme un véritable «*Donnez-moi un point d'appui et je soulèverai le monde!*» prouve le néant de toute cette philosophie de vieilles femmes et la nécessité d'envisager tout autrement et avec bien plus de profondeur l'essence du monde et de l'homme; – peu importe que ces vues s'accordent ou non avec la mission des professeurs de philosophie.

§ 21

APRIORITÉ DU CONCEPT DE CAUSALITÉ. – CARACTÈRE
INTELLECTUEL DE L'INTUITION EMPIRIQUE. – L'ENTENDEMENT

Dans la philosophie de professeurs qu'ont les professeurs de philosophie, on trouvera toujours que l'intuition du monde extérieur est affaire des sens; après quoi suivent des dissertations sans fin sur les cinq sens. Mais ils ne disent mot de la nature intellectuelle de l'intuition, c'est-à-dire qu'elle est essentiellement l'œuvre de l'*entendement* et que c'est lui qui – par l'intermédiaire de la forme de la causalité qui lui est propre et de celle de la sensibilité pure qui lui est subordonnée, ainsi donc du temps et de l'espace –, crée et produit tout d'abord ce monde objectif extérieur avec la matière première de quelques représentations reçues par les organes des sens. Et cependant, j'ai déjà exposé la question dans ses grandes lignes dans la première édition de cette dissertation, en1813 (p. 53-55) et je l'ai traitée à fond, peu après, en 1816, dans mon étude sur la vision et les couleurs ; cette étude a même tant été approuvée par le professeur Rosas de Vienne qu'elle l'a conduit à me plagier[1] ; pour de plus amples détails, on pourra consulter mon ouvrage intitulé *La volonté dans la nature* (p. 19). Les professeurs de philosophie, au contraire, n'ont pas plus pris en considération cette vérité que d'autres, élevées et importantes, que je me suis donné pour mission et tâche, ma vie durant, d'exposer pour en faire le patrimoine de l'humanité. Tout cela n'est pas à leur goût ; cela ne trouve pas place dans leur boutique ; cela ne mène à aucune théologie ; cela n'est même pas propre à dresser convenablement les étudiants pour servir les fins supérieures de l'État ; bref, ils ne veulent rien apprendre de moi et ne voient pas tout ce que j'aurais à leur enseigner : c'est-à-dire tout ce que leurs enfants, petits-enfants et arrière-petits-enfants apprendront de moi. Au lieu de quoi, chacun d'eux s'installe à l'aise pour enrichir le public de ses idées originales en une métaphysique abondamment délayée. S'il suffit, pour y être autorisé, d'avoir des doigts, ils le sont ; mais, en vérité, *Machiavel* a raison de dire

---

1. Cf. *Textes sur la vue et les couleurs*, trad. Maurice Élie, Vrin, 1986. Voir particulièrement le chap. I, § 1 : « Intellectualité de l'intuition ». Antoine Rosas a copié mot à mot dans le premier volume de son *Manuel d'ophtalmologie* (1830) deux pages du traité *De la vue et des couleurs*, sans indiquer sa source. (Cf. *De la volonté dans la nature*, trad. Sans, PUF, 1969, p. 70 sq, *De la vue et des couleurs*, avant-propos de la seconde édition et chap. II, § 5, p. 61 sq).

(ainsi qu'Hésiode l'avait déjà fait dans ses *Travaux*, 293)
qu'« il y a des cerveaux de trois sortes, les uns qui
entendent les choses d'eux-mêmes, les autres quand elles
leur sont enseignées, les troisièmes qui, ni par soi-même,
ni par l'enseignement d'autrui, veulent rien comprendre.»
(*Le Prince*, chap. XXII).

Il faut être abandonné de tous les dieux pour
s'imaginer que ce monde sensible, placé là au dehors, tel
qu'il est, remplissant les trois dimensions de l'espace, se
mouvant selon la marche inexorable et rigoureuse du
temps, réglé à chacun de ses pas sur cette loi de causalité
ignorant toute exception, n'obéissant, sous tous ces
rapports, qu'aux lois que nous pouvons énoncer avant
toute expérience à leur égard, – que ce monde, dis-je,
existerait là dehors, tout objectivement réel et sans que
nous y soyons pour quelque chose, mais qu'ensuite il
arriverait à entrer par une simple impression sur les sens,
dans notre tête où, comme là dehors, il se mettrait à exister
une seconde fois. Car quelle pauvre chose, en définitive,
que la seule sensation ! Même dans les organes des sens les
plus nobles, elle n'est rien qu'un sentiment local,
spécifique, capable de quelques variations dans le cercle
de son espèce, mais néanmoins toujours subjectif en soi et,
comme tel, ne pouvant rien contenir d'objectif, par
conséquent rien qui ressemble à une intuition. Car la
sensation, de quelque espèce qu'elle soit, est et demeure
un fait qui se produit dans l'organisme même, limité,
comme tel, à la région sous-cutanée et ne pouvant dès lors
rien contenir par soi-même qui soit situé au-delà de la
peau et donc hors de nous. Elle peut être agréable ou
pénible, ce qui indique un rapport à notre volonté, mais
aucune sensation ne comporte quelque chose d'objectif.
Dans les organes des sens, la sensation est accrue par la
confluence des extrémités nerveuses ; elle est facilement
excitable du dehors, vu leur déploiement et la mince
enveloppe qui les recouvre ; en outre, elle est particulièrement ouverte à toutes les influences spéciales, lumière,

son, odeur; mais elle n'en reste pas moins une simple sensation aussi bien que toutes celles qui se produisent à l'intérieur de notre corps et, par suite, elle demeure quelque chose d'essentiellement subjectif dont les changements ne parviennent directement à la connaissance que par la forme du sens *interne*, donc du temps seulement, c'est-à-dire successivement. Ce n'est que quand l'*entendement*, fonction propre, non à des extrémités nerveuses frêles et particulières, mais à ce cerveau bâti avec autant d'art et si énigmatiquement, qui pèse trois livres, cinq exceptionnellement, c'est seulement quand cet *entendement* entre en activité et qu'il vient appliquer sa seule et unique forme, la *loi de causalité*, qu'il se produit une immense modification par la transformation de la sensation subjective en intuition objective. C'est l'entendement, en effet, qui, par sa forme propre, *a priori* par conséquent, c'est-à-dire *avant* toute expérience (car l'expérience était impossible jusqu'à ce moment), conçoit la sensation corporelle donnée comme un *effet* (mot qu'il est le seul à comprendre); cet effet doit nécessairement, comme tel, avoir une *cause*. Il appelle, en même temps, à l'aide la forme du sens *externe*, l'*espace*, forme qui réside également toute prête dans l'intellect, c'est-à-dire dans le cerveau, pour situer cette cause *en dehors* de l'organisme; car c'est ainsi seulement que naît pour lui le «dehors» dont la possibilité est précisément l'espace, de telle sorte que l'intuition pure doit fournir le fondement de l'intuition empirique. Au cours de cette opération, l'entendement, comme je le montrerai bientôt plus en détail, appelle à son secours toutes les données de la sensation donnée, même les détails les plus minimes, pour construire dans l'espace la *cause* de cette sensation conformément à elles. Mais cette opération de l'entendement (formellement niée, du reste, par Schelling dans le

premier volume de ses *Écrits philosophiques*[1] de 1809,
p. 237-8 et par Fries aussi dans sa *Critique de la raison*, t. I,
p. 52-6 et 290 de la première édition [1807]), n'est
pourtant pas une opération discursive, réflexive, abstraite,
s'effectuant par concepts et mots ; c'est une opération
intuitive et tout à fait immédiate. Car c'est par elle seule,
donc dans et pour l'entendement, que le monde des corps,
monde objectif, réel remplissant les trois dimensions de
l'espace, apparaît pour ensuite changer dans le temps
selon la même loi de causalité et pour se mouvoir dans
l'espace. – C'est dès lors l'entendement même qui doit
d'abord créer le monde objectif ; ce n'est pas celui-ci qui,
tout constitué à l'avance, n'a plus qu'à entrer se promener
tout simplement dans la tête à travers les sens et les
ouvertures de leurs organes. Les sens ne fournissent, en
effet, que la matière première que l'entendement transforme tout d'abord au moyen des formes simplement
données, espace, temps et causalité, en intuition objective
d'un monde matériel réglé par des lois. Par suite, notre
intuition quotidienne, *empirique*, est une intuition
intellectuelle et c'est à *elle* que convient la qualification
que les charlatans de la philosophie en Allemagne ont
attribuée à une soi-disant intuition de mondes chimé-
riques où s'ébat leur cher Absolu. Mais, moi, je vais
commencer par démontrer maintenant, l'abîme qu'il y a
entre la sensation et l'intuition, en montrant la grossièreté
du matériau dont naît ce bel édifice.

Deux sens seulement servent, à proprement parler, à
l'intuition objective : le toucher et la vue. Ils fournissent
seuls les données sur la base desquelles l'entendement fait
naître, par l'opération indiquée, le monde objectif. Les
trois autres sens restent, en grande partie, subjectifs : si
leurs sensations indiquent bien, en effet, une cause
extérieure, elles ne contiennent pas de donnée propre à en

---

1. Renvoi à un passage des *Abhandlungen zur Erläuterung des
Idealismus der Wissenschaftslehre*.

déterminer les relations *dans l'espace*. Or l'espace est la forme de toute intuition, c'est-à-dire de *cette* appréhension dans laquelle seule des *objets* peuvent vraiment se présenter. Aussi ces trois autres sens peuvent bien servir à nous annoncer la présence d'objets qui nous sont déjà autrement connus; mais nulle construction dans l'espace, donc nulle intuition objective ne peut avoir lieu sur la base de leurs données. Nous ne pourrons jamais construire la rose au moyen de son odeur et un aveugle pourra entendre de la musique, sa vie durant, sans obtenir ainsi la moindre représentation objective des musiciens, des instruments ou des vibrations de l'air. L'ouïe a, par contre, une haute valeur comme intermédiaire de la parole : ce qui en fait le sens de la *raison* dont le nom même dérive[1]; elle est, de plus, l'intermédiaire de la musique, l'unique voie pour saisir des rapports numériques complexes, non pas seulement *in abstracto*, mais immédiatement, c'est-à-dire *in concreto*. Mais le son n'indique jamais des relations d'espace; il ne peut donc jamais conduire à la nature de sa cause; il ne nous apprend jamais rien au-delà de sa propre sensation; il ne peut donc servir de donnée à l'entendement pour la construction du monde objectif. Seules les sensations du toucher et de la vue constituent des données de ce genre : aussi un aveugle sans mains ni pieds pourrait bien construire *a priori* l'espace avec toutes ses lois, mais il n'aurait qu'une représentation très vague du monde objectif. Le toucher et la vue ne fournissent encore néanmoins pas l'intuition, mais rien que sa matière première : car l'intuition est si peu contenue dans les sensations de ces deux sens que ces sensations n'ont même aucune ressemblance avec les propriétés des objets que nous nous représentons grâce à eux, comme je vais le montrer tout à l'heure. Mais il faut distinguer ici nettement ce qui ressortit réellement à la sensation de ce

1. *Vernunft* et *vernehmen* ont la même étymologie, selon Schopenhauer, mais il l'interprète autrement que Jacobi.

que l'intellect y ajoute dans l'intuition. Cela est difficile, au début, tant nous nous sommes habitués à aller immédiatement de la sensation à sa cause que celle-ci nous apparaît sans que nous prêtions attention à la sensation en et pour elle-même; celle-ci nous procure, en quelque sorte, les prémisses de la conclusion que l'entendement tire.

Le toucher et la vue ont, d'abord, leurs avantages propres; aussi se soutiennent-ils mutuellement. La vue ne demande pas le contact, pas même la proximité: son champ est incommensurable et va jusqu'aux étoiles. De plus, elle sent les nuances les plus délicates de la lumière, de l'ombre, de la couleur, de la transparence et fournit ainsi à l'entendement une foule de données finement déterminées, au moyen de quoi, après en avoir acquis l'exercice, il construit et présente aussitôt à l'intuition la forme, la grandeur, la distance et la nature des corps. Le toucher, en revanche, bien que ne pouvant se passer du contact, procure des données si infaillibles et si variées qu'il est le sens le plus sûr. Aussi bien, les perceptions de la vue se réfèrent-elles finalement au toucher; on peut même envisager la vue comme un toucher imparfait, mais atteignant loin et se servant des rayons de lumière comme d'antennes; c'est aussi pour cela qu'elle est exposée à tant d'erreurs, bornée qu'elle est aux propriétés auxquelles la lumière sert d'intermédiaire; elle est donc unilatérale, alors que le toucher donne directement les données servant à faire reconnaître la dimension, la forme, la dureté, la mollesse, la sécheresse, l'humidité, le poli, la température, etc.; l'y aident, pour une part, la conformation et la mobilité des bras, des mains et des doigts, dont la position pendant le toucher procure à l'entendement les données nécessaires à la construction des corps dans l'espace, et, pour l'autre part, la force musculaire, au moyen de laquelle il reconnaît le poids, la solidité, la résistance ou la fragilité des corps; le tout avec la plus faible possibilité d'erreur.

Ces données ne fournissent pourtant encore aucunement l'intuition qui reste l'œuvre de l'entendement. Quand je presse ma main contre la table, dans la sensation qui en résulte pour moi, la représentation de la ferme consistance des parties de la masse n'est pas contenue, ni rien de semblable; ce n'est qu'en passant de la sensation à sa cause que mon entendement se construit un corps ayant les propriétés de solidité, d'impénétrabilité et de dureté. Si je pose, dans l'obscurité, ma main sur une surface ou si je prends en main une boule de trois pouces de diamètre environ, ce seront, dans les deux cas, les mêmes parties de la main qui éprouveront la pression; ce n'est que par les différentes positions que ma main doit prendre dans l'un et l'autre cas que mon entendement construit la forme du corps dont le contact a été la cause de la sensation; et l'entendement confirme son opération en faisant varier les points de contact. Quand un aveugle-né palpe un objet cubique, les sensations de sa main sont tout à fait uniformes pendant le contact et les mêmes de tous les côtés et dans toutes les directions: les arêtes pressent, certes, une moindre portion de la main; il n'y a cependant rien dans ces sensations qui ressemble, le moins du monde, à un cube. Mais son entendement conclut immédiatement et intuitivement de la résistance sentie à une cause de la résistance, et cette cause, par là même, se représente comme un corps solide; par les mouvements de ses bras, la sensation des mains restant la même, il construit dans l'espace dont il a une conscience *a priori* la forme cubique du corps. S'il ne possédait déjà par avance la notion d'une cause et d'un espace avec ses lois, jamais l'image d'un cube ne pourrait naître de ces sensations successives éprouvées par sa main. Si l'on fait courir une corde dans sa main fermée, il construira comme cause du frottement et de sa durée, dans cette position spéciale de la main, un corps allongé, cylindrique, se mouvant uniformément dans une même direction. Mais jamais, par cette seule sensation dans sa main, la représentation du mouvement, c'est-à-dire du changement de place dans l'espace par l'intermédiaire du temps, ne pourra se produire, car la sensation ne peut contenir ni produire jamais par elle seule rien de semblable. C'est l'*intellect* qui doit, avant toute expérience, contenir en soi l'intuition de l'espace, du temps et, par suite aussi, celle du mouvement, et, en même temps, la représentation de causalité pour pouvoir ensuite passer de la simple sensation empirique à une cause de cette sensation et construire alors cette cause sous la forme d'un corps se mouvant de telle façon et ayant telle figure. Quelle distance n'y a-t-il pas, en effet, entre une simple sensation dans la main et les notions de causalité, de matière et de mouvement dans l'espace par l'intermédiaire du temps? La sensation de la main, même avec des contacts et des positions variés, est chose bien trop uniforme et trop pauvre en données pour que l'on puisse construire avec tout cela la représentation de l'espace tridimensionnel, de l'interaction des corps et des propriétés d'étendue, d'impénétrabilité, de cohésion, de figure, de dureté, de mollesse, de repos et de mouvement, bref tout ce qui fonde le monde objectif; tout cela n'est possible que parce que l'espace comme forme de l'intuition, le temps comme forme du changement et la loi de causalité comme ce qui règle la réalisation des changements existaient à l'avance tout formés dans l'intellect même. L'existence toute prête de ces formes antérieures à toute expérience est justement ce qui constitue l'intellect. Physiologiquement, l'entendement est une fonction du cerveau qu'il a aussi peu apprise par expérience que l'estomac n'a appris à digérer ni le foie à sécréter la bile. Il n'y a pas d'autre moyen d'expliquer comment beaucoup d'aveugles-nés arrivent à une connaissance si parfaite des conditions de l'espace qu'ils peuvent remplacer par celle-ci en très grande partie l'absence de la vue et exécuter des travaux surprenants: on a vu, il y a une centaine d'années, *Saunderson*, aveugle dès son bas âge, enseigner les mathématiques et l'astronomie à Cambridge (Diderot dans sa *Lettre sur les aveugles* fait un rapport complet sur le cas de *Saunderson*). Il n'y a, de même, pas d'autre moyen d'expliquer le cas inverse d'Eva Lauk qui, née sans bras ni jambes, a acquis par la seule vue et aussi rapidement que les autres enfants une intuition exacte du monde extérieur (cf. *Le Monde comme volonté et comme représentation*, vol. II, chap. 4 [PUF, p. 712]). Tout cela prouve donc que le temps, l'espace et la causalité ne pénètrent ni par la vue, ni par le toucher, ni du dehors en général, au-dedans de nous, mais qu'ils ont une origine interne, par conséquent non empirique, mais intellectuelle. Il résulte, de nouveau, de ceci que l'intuition du monde matériel est essentiellement une opération intellectuelle, une œuvre de l'entendement à laquelle la sensation ne fournit que l'occasion et les données devant servir à son application dans chaque cas particulier.

Je vais maintenant prouver la même chose pour la vue. Ce qu'il y a d'immédiatement donné ici se limite à la sensation rétinienne, sensation qui admet certes beaucoup de diversité, mais qui se résume dans l'impression du clair et de l'obscur, avec les degrés intermédiaires et des couleurs proprement dites. Cette sensation est entièrement subjective, c'est-à-dire qu'elle est placée uniquement à l'intérieur de l'organisme et sous la peau. Aussi, sans l'entendement, n'en aurions-nous conscience que comme de modifications particulières et variées de la sensation dans notre œil qui n'auraient rien qui ressemblât à la figure, la position, la proximité ou l'éloignement d'objets hors de nous. Car la *sensation* ne fournit dans la vision qu'une affection variée de la rétine, semblable en tout à l'aspect d'une palette chargée de nombreuses taches de toutes couleurs : et c'est là aussi ce qui resterait dans la conscience si l'on pouvait subitement retirer, par une paralysie du cerveau par exemple, l'entendement à une personne placée en face d'un point de vue vaste et varié, tout en lui conservant la sensation ; car c'était là la matière première avec laquelle son entendement créait auparavant cette intuition.

Cette faculté qu'a l'entendement de pouvoir créer ce monde visible, si inépuisablement riche et si varié de formes, avec des matériaux si peu nombreux, à savoir le clair, l'obscur et les couleurs, par la fonction si simple qu'il possède de rapporter tout effet à une cause et avec le secours de l'intuition de l'espace, forme qui lui est inhérente, cette faculté, dis-je, se fonde tout d'abord sur le concours que la sensation donne ici elle-même. Ce concours consiste en ce que, *primo*, la rétine comme surface étendue rend possible la juxtaposition des impressions; *secundo*, en ce que la lumière agit toujours en ligne droite et se réfracte dans l'intérieur de l'œil également en ligne droite et enfin en ce que la rétine possède la faculté de sentir du même coup et immédiatement la direction dans laquelle la lumière vient la frapper, ce qu'on ne peut sans doute expliquer que par le fait que le rayon lumineux pénètre l'épaisseur de la rétine. On gagne à cela ce résultat que l'impression seule suffit déjà à indiquer la direction de sa cause; elle montre donc directement l'emplacement de l'objet émettant ou réfléchissant la lumière. Sans doute, aller à cet objet comme à la cause présuppose déjà la connaissance du rapport de causalité ainsi que celle des lois de l'espace; mais ces deux notions constituent précisément l'apanage de l'*intellect* qui doit créer, ici encore, l'intuition à partir de la simple sensation. Nous allons maintenant examiner de plus près la façon dont il procède.

L'intellect commence par redresser l'impression de l'objet qui se produit renversée sur la rétine. Ce redressement originaire se fait, comme on sait, de la façon suivante: chaque point de l'objet visible envoyant ses rayons dans toutes les directions en ligne droite, ceux qui partent de son bord supérieur croisent, dans l'étroite ouverture de la pupille, ceux qui viennent du bord inférieur, ce qui fait que leurs rayons du bas pénètrent par le haut, ceux du haut par le bas, comme aussi ceux venant de côté par le côté opposé. L'appareil réfringent, situé à l'arrière de l'œil, composé de l'humeur aqueuse, de la lentille et de l'humeur vitrée, ne sert qu'à concentrer assez les rayons lumineux, émanés de l'objet, pour qu'ils trouvent place sur le petit espace occupé par la rétine. Si donc la vision se réduisait à la sensation, nous percevrions renversée l'impression de l'objet, car nous la recevons ainsi; en outre, nous la percevrions aussi comme quelque chose situé à l'intérieur de l'œil puisque nous nous en tiendrions à la sensation. Mais, en réalité, l'entendement intervient aussitôt avec sa loi de causalité; il rapporte l'effet ressenti à sa cause et possédant la donnée fournie par la sensation sur la direction dans laquelle le rayon lumineux s'est introduit, il poursuit cette direction en sens inverse, le long des deux lignes, jusqu'à la cause: le croisement s'effectue donc cette fois-ci à rebours, ce qui fait que la cause se présente maintenant redressée dehors comme objet dans l'espace, c'est-à-dire dans sa position au moment où les rayons en partaient et non dans celle au moment où ils pénétraient (v. figure 1). – On peut encore confirmer le caractère purement intellectuel de la chose, sans plus faire appel à aucune autre explication et, en particulier, à aucune explication physiologique par cette observation que si l'on passe sa tête entre les jambes ou si l'on s'étend sur le dos, sur un terrain en pente, la tête vers le bas, l'on verra néanmoins les objets non renversés, mais parfaitement droits, bien que la portion de la rétine que rencontre ordinairement le bord inférieur des objets soit rencontré maintenant par le bord supérieur, et bien que tout, sauf l'entendement, soit renversé.

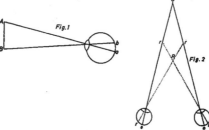

La seconde intervention de l'entendement pour transformer la sensation en intuition, consiste à faire intuitionner comme simple ce que l'on a senti double; en effet, chaque œil reçoit séparément l'impression de l'objet, et même, dans une direction légèrement différente; et pourtant l'objet se présente simple; cela ne peut donc résulter que de l'entendement. L'opération qui produit ce résultat est la suivante: nos deux yeux ne sont en position parallèle que lorsque nous regardons au loin, c'est-à-dire au-delà de 200 pieds: en deçà, en les dirigeant tous deux sur l'objet que nous voulons considérer, nous les faisons converger; les deux lignes, tirées de chaque œil jusqu'au point que l'on fixe sur l'objet y forment un angle appelé angle *optique*; les lignes mêmes s'appellent *axes optiques*. Ces dernières aboutissent, quand l'objet est placé droit devant nous, exactement au milieu de chaque rétine, par conséquent à deux *points* parfaitement *correspondants* dans chaque œil. L'entendement qui ne cherche en tout que la *cause* reconnaît aussitôt que l'impression, bien que double, ne part que d'*un seul* point extérieur, qu'elle n'a donc qu'une seule cause; en conséquence, cette cause se présente comme objet et comme simple. Car tout ce que nous percevons, nous le percevons comme cause, comme *cause* d'un effet senti, par suite *dans l'entendement*. Toutefois, comme ce n'est pas un point unique, mais une surface considérable de l'objet que nous embrassons des deux yeux, et que nous la voyons simple malgré cela, il nous faut pousser encore un peu plus loin l'explication donnée. Tout ce qui, dans l'objet, est situé à côté du sommet de l'angle optique, envoie ses rayons aussi à côté de chaque rétine et non plus exactement au milieu; néanmoins ces rayons aboutissent dans les deux yeux sur le même côté de chaque rétine, par exemple à sa gauche: les endroits rencontrés sont donc, tout comme les points centraux, des places *symétriquement correspondantes*, autrement dit des *places de même nom*. L'entendement apprend bientôt à connaître celles-ci et étend jusqu'à *elles* aussi la règle de perception causale exposée ci-dessus ; il rapporte donc non seulement les rayons tombés sur le centre de chaque rétine, mais encore ceux qui frappent les autres places *symétriquement correspondantes* des deux rétines à un même point radiant de l'objet, et par conséquent il perçoit tous ces points, c'est-à-dire l'objet tout entier comme un objet *unique*. Il faut bien noter ici que ce n'est pas le côté extérieur d'une rétine qui correspond au côté extérieur de l'autre, et l'intérieur à l'intérieur ; mais c'est, par exemple, le côté droit de la rétine droite qui correspond au côté droit de la rétine gauche et ainsi de suite ; cette correspondance symétrique doit donc être entendue dans le sens géométrique et non dans le sens physiologique. On trouvera dans l'*Optique* de Robert Smith, et en partie aussi dans la traduction allemande de Kästner de 1755, des figures nombreuses et très claires qui démontrent parfaitement cette opération et les phénomènes qui s'y rattachent. Je n'en ai donné ici *qu'une seule* (v. figure 2), qui représente, à vrai dire, un cas tout à fait spécial qui sera évoqué plus loin mais qui peut servir également à expliquer l'ensemble de l'opération si l'on fait abstraction complète du point R. Nous dirigeons donc toujours uniformément les deux yeux sur un objet afin de recevoir les rayons émanés des mêmes points sur les endroits des deux rétines qui se correspondent symétriquement. A chaque mouvement des yeux, soit de côté, soit en haut, soit en bas, dans toutes les directions, le point de l'objet qui tombait auparavant sur le milieu de chaque rétine rencontre maintenant chaque fois une autre place, mais constamment, pour chaque œil, une place de même nom, ayant sa correspondante dans l'autre. Quand nous inspectons quelque chose du regard (*perlustrare*), nous promenons les yeux çà et là sur l'objet pour amener successivement chacun de ses points en contact avec le centre de la rétine qui est l'endroit où la vision est la plus distincte ; nous le tâtons des yeux. Il ressort de là clairement que dans la vision simple avec les deux yeux les choses se passent au fond comme dans l'acte de tâter un corps avec les dix doigts : chaque doigt reçoit une autre impression venant d'une autre direction, tandis que l'entendement reconnaît l'ensemble comme provenant d'un seul et même objet dont il perçoit et construit dans l'espace la forme et la grandeur, conformément à ces impressions. C'est là ce qui permet à un aveugle de devenir sculpteur, comme le célèbre *Joseph Kleinhanns*, mort au Tyrol en 1853, qui sculptait depuis l'âge de cinq ans. Car l'intuition se fait toujours par l'entendement, quel que soit d'ailleurs le sens qui a fourni les données.

Mais de même que, si je touche une boule avec les doigts croisés, je crois aussitôt en sentir deux par la raison que mon entendement qui remonte à la cause et la construit suivant les lois de l'espace, présupposant aux doigts la position naturelle, doit nécessairement attribuer à deux boules différentes les deux surfaces de la boule se trouvant en contact simultané avec les faces externes de l'index et du médius ; de même, un objet que je vois m'apparaîtra double si mes yeux, au lieu de fermer l'angle optique sur un seul point de cet objet en convergeant symétriquement, se dirigent vers lui chacun sous un angle différent ; autrement dit, si je louche. Car alors ce ne sont plus les rayons émanés d'un même point de l'objet qui rencontreront dans les deux rétines ces places symétriquement correspondantes, que mon entendement a appris à connaître par une expérience prolongée, mais ils frapperont des endroits tout différents qui, pour une position symétrique des yeux, ne peuvent être affectés que par des corps distincts l'un de l'autre : aussi, dans le cas donné, verrai-je *deux* objets précisément parce que la perception se fait par et dans l'entendement. – La même chose se présente sans qu'il y ait même besoin de loucher, quand, deux objets étant placés devant moi à des distances inégales, je fixe le plus éloigné, c'est-à-dire quand c'est sur celui-ci que je fais tomber le sommet de l'angle optique: car dans ce cas les rayons émanés de l'objet plus rapproché tomberont sur des places qui ne correspondent pas symétriquement dans les deux rétines; mon entendement les attribuera donc à deux objets différents, et je verrai donc double l'objet le plus rapproché (v. figure 2). Si c'est au contraire sur ce dernier, en fixant mes yeux sur lui, que je ferme l'angle optique, c'est l'objet le plus éloigné qui, pour la même raison, m'apparaîtra double. Pour s'en assurer, on n'a qu'à placer un crayon à deux pieds devant ses yeux et à regarder alternativement tantôt le crayon, tantôt quelque objet situé au-delà.

Mais il y a mieux encore: on peut faire l'expérience inverse, de manière à ne voir qu'*un seul* objet, tout en ayant tout près, devant les deux yeux bien ouverts, deux objets bien réels; c'est là la preuve la plus frappante que la perception ne réside pas du tout dans la sensation, mais qu'elle se fait par un acte de l'entendement. Que l'on joigne ensemble à la manière d'un télescope binoculaire deux tubes en carton, de huit pouces de long et d'un pouce et demi de diamètre, de façon à ce qu'ils soient parfaitement parallèles et que l'on fixe devant l'ouverture de chaque tube une pièce de monnaie. En regardant par le bout opposé que l'on rapproche des yeux, l'on ne verra qu'une seule pièce entourée d'un seul tube. Car les deux yeux, forcés par les tubes à prendre des positions parfaitement parallèles, seront frappés uniformément par les deux pièces juste au centre de la rétine et aux points qui l'entourent, par conséquent à des endroits symétriquement correspondants: il en résultera que l'entendement présupposant la position convergente des axes optiques que nécessite la vision d'objets peu éloignés des yeux, n'admettra qu'un seul objet comme cause de la lumière ainsi réfléchie: ce qui veut dire que nous le verrons simple, si immédiate est l'appréhension causale de l'entendement.

La place manque ici pour réfuter en détail les explications physiologiques que l'on a tenté de donner de la vision simple. Leur fausseté ressort déjà des considérations suivantes : 1°) si elle reposait sur une relation organique, les places correspondantes des deux rétines, dont il est prouvé que dépend la vision simple, devraient être celles de même nom, dans le sens *organique* du mot, alors que ce sont celles dans le sens *géométrique*, comme nous l'avons déjà dit. Car, organiquement, ce sont les deux angles internes et les deux angles externes des yeux qui correspondent entre eux et tout le reste à l'avenant ; la vision simple exige, au contraire, la correspondance du côté droit de la rétine droite avec le côté droit de la rétine gauche et ainsi de suite, ainsi que cela ressort incontestablement des phénomènes que nous avons décrits. C'est précisément aussi parce qu'il s'agit de quelque chose d'intellectuel que seuls les animaux les plus intelligents, à savoir les mammifères supérieurs, puis les oiseaux de proie, notamment les hiboux, etc., ont les yeux placés de façon à pouvoir diriger les deux axes visuels sur un même point. – 2°) L'hypothèse de la jonction ou du croisement partiel des nerfs optiques avant leur entrée dans le cerveau, hypothèse établie par Newton en premier (*Optique*, 15ème recherche) est déjà fausse par cela seul que, dans ce cas, la vision double dans le strabisme serait impossible ; mais, en outre, Vésale et Césalpin rapportent des cas anatomiques où il n'y avait aucune fusion, aucun contact même des nerfs optiques en ce point et où les sujets n'en voyaient pas moins simple. Enfin, contre ce mélange des impressions, va ce fait que, lorsque fermant l'œil droit, par exemple, on regarde le soleil de l'œil gauche, l'image persistante, résultant ensuite de l'éblouissement, se peindra seulement dans l'œil gauche et jamais dans le droit et vice-versa.

La troisième opération par laquelle l'entendement transforme la sensation en intuition consiste à construire des corps avec les simples surfaces obtenues jusqu'ici, donc à ajouter la troisième dimension: pour cela, partant de la loi de causalité comme prémisse, il conclut à l'étendue des corps dans cette troisième dimension, dans cet espace qu'il connaît *a priori* et en proportion de leur impression sur l'œil et des gradations de lumière et d'ombre. Bien que les objets occupent en effet leurs trois dimensions dans l'espace, ils ne peuvent agir sur l'œil qu'avec *deux* d'entre elles: la nature de cet organe est telle que dans la vision l'impression n'est pas stéréométrique, mais simplement planimétrique. Tout ce qu'il y a de stéréométrique dans l'intuition, c'est d'abord l'entendement qui l'y ajoute: les seules données qu'il a pour cela sont la direction dans laquelle l'œil reçoit l'impression, les limites de cette impression et les divers dégradés du clair et de l'obscur; ces données indiquent immédiatement leurs causes et ce sont elles qui nous font reconnaître si c'est, par exemple, un disque ou une sphère que nous avons sous les yeux. Tout comme les précédentes, cette opération de l'entendement s'effectue si immédiatement et avec une telle rapidité qu'il n'en subsiste dans la conscience rien que le résultat. C'est pourquoi un dessin en projection est un problème tellement difficile qui ne peut être résolu que d'après les principes mathématiques et qu'on doit apprendre avant de pouvoir l'exécuter et cependant son objet n'est rien d'autre que la représentation de la sensation visuelle telle qu'elle s'offre comme donnée pour cette troisième opération de l'entendement: la vision dans son étendue simplement planimétrique avec *deux* dimensions seulement, auxquelles l'entendement, moyennant les autres données supplémentaires que nous avons indiquées, ajoute aussitôt la troisième, aussi bien en présence du dessin qu'en face de la réalité. En effet, ce dessin est une écriture dont la lecture, ainsi que celle des caractères imprimés, est facile pour chacun mais que peu de gens savent écrire; dans l'intuition, notre entendement ne perçoit l'effet que pour s'en servir pour construire la cause et, celle-ci obtenue, il ne s'occupe plus de l'autre. Nous reconnaissons instantanément une chaise, par exemple, dans toutes les positions possibles, mais la dessiner dans n'importe quelle position est l'affaire propre de cet art qui fait abstraction de cette troisième opération de l'entendement pour n'en présenter que les données afin que la personne qui les regarde effectue elle-même cette opération. Cet art, avons-nous dit, c'est tout d'abord celui du dessin en projection puis, dans le sens le plus général, l'art de la peinture. Un tableau présente des lignes menées suivant les règles de la perspective, des places claires et d'autres obscures, en rapport avec l'impression de la lumière et de l'ombre, enfin des taches colorées dont la qualité et l'intensité sont conformes à l'enseignement de l'expérience. Le spectateur lit cette écriture en donnant à des effets semblables les causes qui lui sont familières. L'art du peintre consiste en ce qu'il garde judicieusement en mémoire les données de la sensation visuelle telles qu'elles existent *avant* cette troisième opération de l'entendement, alors que, nous autres, nous les rejetons sans plus nous les rappeler, après en avoir fait l'usage indiqué plus haut. Nous apprendrons à mieux connaître encore cette opération en passant maintenant à l'étude d'une quatrième, intimement liée à la précédente, et qui l'explique en même temps.

Cette quatrième opération de l'entendement consiste en effet à reconnaître la distance des objets par rapport à nous ; or c'est justement là la troisième dimension dont il a été question ci-dessus. La sensation nous donne bien dans la vision, ainsi que nous l'avons dit, la *direction* dans laquelle sont situés les objets, mais pas leur *distance* ; elle ne donne donc pas leur *place*. Par conséquent, la distance doit être trouvée par l'*entendement*, c'est-à-dire qu'elle doit résulter de déterminations *causales*. La plus importante de ces déterminations, c'est l'*angle visuel* sous lequel l'objet se présente : c'est là, toutefois, un élément tout à fait équivoque et qui ne peut rien décider à lui seul.

Il est comme un mot à double sens dont celui qu'on a voulu lui donner ne peut ressortir que du contexte. Car, à angle visuel égal, un objet peut être petit et rapproché ou grand et éloigné. L'angle visuel ne peut nous servir à reconnaître son éloignement que si sa grandeur nous est déjà connue par d'autres moyens comme aussi, à l'inverse, il nous donnera la grandeur si la distance nous est connue d'autre part. C'est sur la décroissance de l'angle visuel par suite de l'éloignement qu'est basée la perspective linéaire dont nous pouvons facilement déduire ici les principes. La portée de notre vue étant égale dans toutes les directions, nous voyons, à vrai dire, chaque objet comme s'il était une sphère creuse dont notre œil occuperait le centre. Or cette sphère a d'abord une infinité de grands cercles dans toutes les directions et les angles dont la mesure est donnée par les divisions de ces cercles sont les angles visuels possibles. Ensuite, cette sphère augmente ou diminue, suivant que nous lui donnons un rayon plus grand ou plus petit; nous pouvons donc nous la représenter comme composée d'une infinité de sphères concentriques et transparentes. Tous les rayons allant en divergeant, ces sphères concentriques seront d'autant plus grandes qu'elles seront plus éloignées de nous et avec elles grandiront en même temps les degrés de leurs grands cercles et par suite aussi la vraie dimension des objets compris sous ces degrés. Ils seront donc plus grands ou plus petits, selon qu'ils occuperont une même mesure, 10° par exemple, d'une sphère creuse plus grande ou plus petite; mais dans les deux cas leur angle visuel restera le même et ne nous indiquera pas si l'objet qu'il embrasse occupe les 10° d'une sphère de 2 lieues ou de 10 pieds de diamètre. Et, à l'inverse, si c'est la grandeur de l'objet qui est fixée, c'est le nombre des degrés qu'il occupe qui décroîtra en proportion de la grandeur croissante de la sphère à laquelle nous le rapportons; par suite, tous ses contours se resserreront dans la même mesure. De là résulte la règle fondamentale de toute perspective: puisqu'en effet les objets, ainsi que leurs distances mutuelles, doivent diminuer en proportion constante de l'éloignement, ce qui réduit tous les contours, il en résultera qu'à mesure que la distance grandira, tout ce qui est situé plus haut que nous s'abaissera, tout ce qui est placé plus bas remontera. Aussi loin qu'il existera devant nous une suite ininterrompue d'objets en succession visible, nous pourrons toujours avec certitude reconnaître la distance au moyen de cette convergence progressive de toutes les lignes, c'est-à-dire au moyen de la perspective linéaire. Nous n'y arrivons pas au moyen de l'angle visuel seul; il faut dans ce cas que l'entendement appelle à l'aide quelque autre élément servant, en quelque sorte, de commentaire à l'angle visuel, en précisant mieux la part qu'il faut attribuer à la distance dans l'appréciation de cet angle. Les éléments principaux donnés pour cela sont au nombre de quatre, que je vais maintenant examiner de plus près. Quand la perspective linéaire fait défaut, c'est par leur secours qu'il m'est permis, bien qu'un homme placé à 100 pieds m'apparaisse sous un angle visuel vingt-quatre fois plus petit que lorsqu'il est placé à 2 pieds de moi, de reconnaître exactement sa grandeur dans la plupart des cas: ce qui prouve encore une fois que toute intuition relève de l'entendement et non des seuls sens. — Voici un fait spécial et intéressant, confirmant ce que nous avons dit du fondement de la perspective linéaire, ainsi que de la nature intellectuelle de l'intuition en général. Lorsque, après avoir assez longuement fixé un objet coloré et à contours précis, une croix rouge par exemple, il s'est formé dans mon œil son spectre coloré physiologique, c'est-à-dire une croix verte, son image m'apparaîtra d'autant plus grande que le plan auquel je la rapporterai sera plus éloigné et d'autant plus petite qu'il sera plus rapproché. Car le spectre même occupe une portion déterminée et invariable de ma rétine: c'est la portion ébranlée auparavant par la croix rouge; projeté au dehors, c'est-à-dire reconnu comme effet d'un objet extérieur, il donne naissance à un angle visuel donné une fois pour toutes; supposons qu'il soit de 2°: si (ici où tout commentaire manque pour l'angle visuel) je le rapporte à une surface éloignée avec laquelle je l'identifie inévitablement comme appartenant à l'action de cette surface, alors la croix occupera 2° d'une sphère éloignée, par conséquent d'un grand diamètre, et par suite, la croix sera grande; si, au contraire, je projette la croix sur un plan rapproché, elle occupera 2° d'une petite sphère: elle m'apparaîtra donc petite. Dans les deux cas, la perception a une apparence parfaitement objective, en tout pareille à celle d'un objet extérieur; mais comme elle provient d'une cause entièrement subjective (c'est-à-dire du spectre provenant lui-même d'une cause tout autre) elle prouve ainsi le caractère intellectuel de toute perception objective. – Sur ce fait (que je me rappelle, d'une façon nette et précise, avoir observé, le premier, en 1815) se trouve dans les *Comptes rendus* du 2 août 1858, une dissertation de M. Séguin, qui présente la chose comme une découverte récente et en donne toutes sortes d'explications fausses et sottes. Messieurs les «*illustres confrères*»* entassent à chaque occasion expérience sur expérience et plus elles sont compliquées, mieux cela vaut. Rien que l'«*expérience!*»*, voilà leur mot d'ordre; mais il est fort rare de rencontrer un peu de réflexion juste et honnête sur les phénomènes observés: «*expérience, expérience*»* et là-dessus, ensuite, rien que des sottises.

Au nombre des données subsidiaires déjà signalées formant le commentaire d'un angle visuel donné, se trouvent, tout d'abord, les «*mutationes oculi interni*» [les mouvements internes de l'œil] par lesquelles l'œil accommode son appareil optique réfringent en augmentant ou en diminuant la réfraction, selon les différentes distances. En quoi consistent physiologiquement ces modifications, on l'ignore encore. On a voulu trouver l'explication dans une augmentation de convexité, tantôt de la cornée, tantôt du cristallin; mais la théorie la plus récente, émise déjà du reste par *Kepler* dans ses points principaux, est celle qui me paraît la plus vraisemblable ; d'après cette théorie, le cristallin est poussé en arrière pour la vision de loin, et en avant pour la vision de près, en même temps que le bombement en est augmenté par la pression latérale : de cette façon, le procédé serait tout à fait analogue au mécanisme du binocle de théâtre. Cette théorie se trouve exposée en détail dans le mémoire de A. Hueck sur *Les mouvements du cristallin*, publié en 1841. Quoi qu'il en soit, si nous n'avons pas une conscience bien distincte de ces modifications internes de l'œil, nous en avons cependant un certain sentiment, et c'est celui-ci dont nous nous servons immédiatement pour apprécier la distance. Mais, comme ces modifications ne servent à rendre la vision parfaitement distincte que pour une distance allant de 7 pouces à 16 pieds, il s'ensuit que la donnée en question ne peut être utilisée par l'entendement qu'en dedans des mêmes limites.

Au-delà, c'est alors la seconde donnée qui trouve son application : à savoir l'*angle optique* formé par les deux axes visuels et que nous avons expliqué en parlant de la vision simple. Évidemment, cet angle diminue à mesure que l'éloignement augmente et va croissant à mesure que l'objet se rapproche. Ces différentes directions mutuelles des yeux ne s'effectuent pas sans produire une légère sensation ; mais celle-ci n'arrive à la conscience que parce que l'entendement l'utilise comme donnée qui lui sert à l'appréciation intuitive de l'éloignement. Cette donnée permet de reconnaître non seulement la distance, mais en plus la place précise occupée par l'objet et ce au moyen de la parallaxe des yeux qui consiste en ce que chacun des deux yeux voit l'objet dans une direction légèrement différente ce qui fait que celui-ci semble se déplacer quand on ferme un œil. C'est parce que cette donnée manque qu'il est difficile d'arriver à moucher une chandelle quand on ferme un œil. Mais comme, aussitôt que l'objet est situé à 200 pieds ou au-delà, les yeux prennent des directions parallèles, comme par conséquent l'angle optique disparaît totalement, cette donnée ne peut avoir d'effet que jusqu'à cette distance.

Au-delà, c'est la *perspective aérienne* qui vient au secours de l'entendement; les signes par lesquels elle lui indique que l'éloignement augmente sont que toutes les couleurs deviennent de plus en plus ternes, que tous les objets sombres paraissent voilés du bleu physique (selon la très exacte théorie goethéenne des couleurs), et que tous les contours s'effacent. Cette donnée est très faible en Italie en raison de la grande transparence de l'air; aussi y trompe-t-elle facilement: par exemple, vu de Frascati, Tivoli nous paraît très près. Par contre, le brouillard qui produit l'exagération anormale de cette donnée, nous fait voir les objets plus grands parce que l'entendement les juge plus éloignés.

Enfin, il nous reste encore à apprécier la distance grâce à la connaissance intuitive que nous avons de la grandeur des objets interposés tels champs, fleuves, forêts, etc. Cette donnée n'est praticable qu'à la condition d'une succession ininterrompue; elle ne s'applique, par conséquent, qu'aux objets terrestres et non aux objets célestes. En général, nous sommes plus exercés à nous en servir dans la direction horizontale que dans la verticale; ainsi une boule, au sommet d'une tour de 200 pieds de haut, nous paraîtra beaucoup plus petite que placée sur le sol à 200 pieds devant nous, parce que dans le second cas nous tenons plus exactement compte de la distance. Toutes les fois que nous voyons des hommes dans des conditions telles que tout ce qui est situé entre eux et nous, nous est en grande partie caché, ils nous paraissent étonnamment petits.

C'est en partie à ce dernier mode d'évaluation en tant qu'il est utilement applicable aux seuls objets terrestres et dans la seule direction horizontale, et en partie à celui fondé sur la perspective aérienne et qui se trouve dans le même cas, qu'il faut attribuer ce fait que notre entendement juge les objets plus éloignés lorsqu'il perçoit dans la direction horizontale et plus grands par conséquent que lorsqu'il perçoit dans la verticale. De là vient que la lune à l'horizon nous paraît beaucoup plus grosse qu'à son point culminant bien que son angle visuel, bien exactement mesuré, c'est-à-dire son image dans l'œil, reste le même dans les deux positions; c'est pour cela aussi que la voûte céleste nous semble surbaissée, c'est-à-dire plus étendue, dans le sens horizontal que dans le sens vertical. Dans les deux cas, le phénomène est donc purement intellectuel ou cérébral et non optique ou sensoriel. On a objecté que la lune, même à sa hauteur culminante, est souvent troublée sans paraître pour autant plus grosse; l'objection se réfute en faisant observer d'abord qu'elle ne paraît pas rouge non plus à cette hauteur parce que le trouble résulte de vapeurs plus grossières et est d'une autre nature que celui que produit la perspective aérienne; puis que, l'estimation de la distance ne se faisant que dans le sens horizontal et non dans le sens perpendiculaire, nous trouvons également d'autres correctifs pour cette position. On raconte que *Saussure* vit, du Mont Blanc, la lune lui apparaître, à son lever, si grosse qu'il ne la reconnut pas et qu'il s'évanouit de frayeur.

C'est, en revanche, sur l'évaluation faite isolément au moyen de l'angle visuel seul, c'est-à-dire sur l'estimation de la grandeur par la distance et de la distance par la grandeur, que repose l'action du télescope et de la loupe; les quatre autres éléments supplémentaires d'évaluation sont en effet ici exclus. En réalité, le télescope grossit les objets, mais il nous semble simplement les rapprocher, parce que leur grandeur nous étant connue empiriquement, nous expliquons leur grossissement apparent par une distance moindre: ainsi une maison, par exemple, vue à travers un télescope, ne nous paraît pas dix fois plus grande, mais dix fois plus proche. La loupe, au contraire, ne grossit pas en réalité; elle nous permet seulement de rapprocher l'objet de notre œil plus que nous ne le pourrions sans cela, et il ne nous apparaît alors que de la grandeur dont nous le verrions à cette distance, même sans le secours de la loupe. En effet, la convexité insuffisante du cristallin et de la cornée ne permet pas de vision distincte à une distance inférieure à 8-10 pouces; mais la convexité de la loupe, substituée à celle de l'œil, venant augmenter la réfraction nous permet d'obtenir même à une distance d'un demi-pouce une image encore distincte. Notre entendement rapporte alors l'objet, vu à cette proximité et avec la grandeur qui y correspond, à la distance naturelle de la vision distincte, c'est-à-dire à 8-10 pouces de l'œil, et juge de sa dimension par l'angle visuel qui résulte alors de cette distance.

J'ai exposé toutes les opérations de la vision de façon aussi circonstanciée pour montrer clairement et irréfutablement que c'est l'activité de l'*entendement* qui y prédomine; celui-ci saisissant tout changement comme un *effet* qu'il rapporte à sa cause, réalise, sur la base des intuitions fondamentales *a priori* d'espace et de temps, ce phénomène cérébral du monde matériel pour lequel les sensations lui fournissent simplement quelques données. De plus, il exécute cette opération à lui seul, en vertu de sa forme propre, la loi de causalité, et par conséquent, tout à fait immédiatement et intuitivement sans le secours de la réflexion, c'est-à-dire de la connaissance abstraite, acquise au moyen des concepts et des mots qui forment les matériaux de la connaissance *secondaire*, c'est-à-dire de la *pensée* et par conséquent de la *raison*.

L'indépendance de la connaissance par l'entendement à l'égard de la raison et de son concours ressort encore de ce que, quand il arrive parfois que l'entendement attribue à des effets donnés une cause inexacte qu'il perçoit nettement d'où résulte l'*illusion,* la raison aura beau reconnaître exactement *in abstracto* le véritable état de choses, elle ne pourra lui être d'aucun secours; l'illusion persistera malgré la connaissance plus vraie acquise par la raison. Parmi les illusions de ce genre, il y a, par exemple, la vision et l'impression tactile doubles, déjà mentionnées, par suite d'un déplacement des organes des sens de leur position normale ; c'est également l'aspect de la lune, dont nous avons parlé aussi, paraissant plus grosse à l'horizon ; en outre, l'image formée au foyer d'un miroir concave et qui se présente exactement comme un corps solide suspendu dans l'espace ; le relief imité par la peinture et que nous prenons pour véritable ; le rivage ou le pont sur lequel nous sommes placés et qui semble avancer pendant qu'un navire passe ; les hautes montagnes qui nous paraissent beaucoup plus rapprochées qu'elles ne le sont à cause du manque de perspective aérienne, suite à la pureté de l'atmosphère entourant leurs sommets ; on pourrait encore rapporter des centaines de faits similaires où l'entendement admet la cause habituelle, celle qui lui est familière, par conséquent la perçoit immédiatement, bien que la raison ait reconnu la vérité par d'autres voies ; elle ne peut rien faire cependant pour venir au secours de l'entendement inaccessible à ses enseignements vu qu'il la précède dans sa connaissance : ce qui fait que l'*illusion*, c'est-à-dire la déception de l'entendement, reste inébranlable, tandis que l'*erreur*, c'est-à-dire la déception de la raison, peut être évitée. – Ce que l'*entendement* reconnaît juste, c'est la *réalité* ; ce que la *raison* reconnaît juste, c'est la *vérité*, c'est-à-dire un jugement fondé sur un principe : l'opposé de la première, c'est l'*illusion* (intuition fausse) ; l'opposé de la seconde, c'est l'*erreur* (pensée fausse).

Bien que la partie purement formelle de l'intuition empirique, donc la loi de causalité, le temps et l'espace, soit contenue *a priori* dans l'intellect, l'application aux données empiriques ne lui est pas donnée en même temps ; il ne l'obtient que par l'exercice et l'expérience. C'est pourquoi les nouveau-nés, bien qu'ils reçoivent déjà l'impression de la lumière et des couleurs, ne peuvent pas appréhender les objets et ne les voient pas réellement ;

pendant les premières semaines, ils sont dans un état de torpeur qui ne se dissipe que lorsque leur entendement commence à exercer ses fonctions sur les données des sens, principalement sur celles du toucher et de la vue et lorsqu'ils acquièrent ainsi progressivement la connaissance du monde extérieur. On reconnaît facilement ce moment, car leurs regards deviennent plus intelligents et leurs mouvements prennent un certain degré d'intention : cela se voit surtout au sourire qui paraît sur leurs lèvres et par lequel ils montrent qu'ils reconnaissent les personnes qui s'occupent d'eux. On peut observer aussi qu'ils font longtemps encore des expériences avec leur vue et leur toucher pour perfectionner leur intuition des objets sous des éclairages différents dans des directions et à des distances variées ; ils étudient ainsi tranquillement, mais sérieusement, jusqu'à ce qu'ils aient bien appris les différentes opérations de l'entendement que nous avons décrites plus haut. C'est sur des aveugles-nés opérés plus tard que l'on peut constater bien plus distinctement ces études, car ils peuvent rendre compte de leurs perceptions. Depuis le célèbre aveugle de *Cheselden* (le premier rapport sur cet aveugle se trouve dans le volume 35 des *Philosophical transactions*), le fait s'est souvent répété et l'on a, à chaque fois, constaté que si les individus qui acquièrent tardivement l'usage de la vue voient bien la lumière, les couleurs et les contours sitôt opérés, ils n'ont pas encore d'intuition objective des choses, parce que leur entendement a besoin avant cela d'avoir appris à appliquer la loi de causalité à ces données et à leurs changements nouveaux pour lui. Quand l'aveugle de Cheselden a aperçu pour la première fois sa chambre avec les divers objets qu'elle contenait, il n'a rien pu distinguer ; il n'avait qu'une impression d'ensemble, comme d'un tout uniforme ; il lui semblait voir une surface lisse et bariolée. Il ne lui venait nullement à l'esprit de reconnaître des objets séparés, placés les uns derrière les autres à des distances inégales. Chez les aveugles ainsi opérés, c'est au toucher auquel ces objets sont déjà familiers qu'il incombe de les faire connaître à la vue et, pour ainsi dire, de les présenter et de les introduire. Au début, ils ne savent pas juger des distances; ils étendent le bras pour tout saisir. L'un d'eux ne pouvait croire, en voyant sa maison dans la rue, que toutes ces grandes chambres fussent contenues dans ce petit objet. Un autre était ravi d'avoir découvert quelques semaines avant l'opération que les gravures pendues au mur représentaient une foule de choses différentes. Dans le *Morgenblatt* du 23 octobre 1817, on trouve l'histoire d'un aveugle-né qui a recouvré la vue à 17 ans. Il a dû commencer par apprendre à avoir une intuition intellectuelle et il ne reconnaissait par la vue aucun des objets qu'il connaissait déjà auparavant par le toucher. Le toucher devait d'abord lui faire connaître séparément chaque chose par la vue. Il ne pouvait pas non plus juger des distances et voulait tout saisir indifféremment. – *Franz* dit dans son ouvrage, *L'œil: traité de la conservation de cet organe en bonne santé et de l'amélioration de la vue* (Londres, Churchill, 1839, p. 34-36): «Une représentation déterminée de la distance comme de la forme et de la grandeur n'est acquise que par la vue et le toucher, par la réflexion sur les sensations dans ces deux organes des sens; mais il faut aussi tenir compte à cette fin du mouvement musculaire volontaire de l'individu concerné. – Gaspard Hauser[1] dit à ce sujet, dans son rapport circonstancié sur sa propre expérience, qu'après sa première libération de détention, tout s'était passé pour lui, lorsqu'il regardait par la fenêtre les objets extérieurs, rues, jardins, etc., comme s'il avait, tout près, devant les yeux un écran couvert de taches colorées de toutes sortes, parmi lesquelles il ne pouvait reconnaître ou distinguer

---

1. [A.] FEUERBACH, *Gaspard Hauser. Exemple de crime contre la vie morale d'un homme.* Anspach, 1832, p. 79, etc. [Note de Schopenhauer].

rien de particulier. Il dit en outre qu'il lui a fallu du temps lors de ses sorties dans la rue pour se convaincre que ce qui lui était d'abord apparu comme un écran recouvert de toutes sortes de taches de couleur, de même que bien d'autres choses, était en réalité des objets très différents et que finalement l'écran avait disparu et qu'il avait vu et connu les choses dans leurs véritables rapports. Des aveugles-nés qui ne recouvrent la vue que par une opération ultérieure s'imaginent un bout de temps que tous les objets touchent leurs yeux et sont si proches d'eux qu'ils craignent de s'y heurter; parfois, ils cherchent à attraper la lune, dans l'idée de pouvoir la saisir; à d'autres moments, ils courent à la poursuite des nuages qui avancent dans le ciel pour les attraper ou commettent d'autres folies semblables. (...) Les représentations étant acquises par la réflexion sur la sensation, il est en outre nécessaire dans tous les cas, pour parvenir à une représentation exacte de ce que l'on voit que les facultés de l'entendement puissent accomplir leurs fonctions sans obstacle ni trouble. La preuve en est dans le cas rapporté par Haslam[1] d'un jeune garçon qui ne souffrait d'aucun trouble de la vue, mais qui était simple d'esprit et qui n'était pas encore capable, à sept ans, d'apprécier la distance des objets, précisément pas leur hauteur; il pouvait étendre la main pour saisir un clou au plafond ou la lune. C'est donc la faculté de juger qui, seule, donne précision et netteté à cette représentation ou perception des objets visibles.»

Une confirmation physiologique de la nature intellectuelle de l'intuition se trouve fournie par *Flourens* par son livre *De la vie et de l'intelligence* (2ème éd. Garnier Frères, 1858); il dit, page 49, sous le titre *Opposition entre les tubercules et les lobes cérébraux*: «Il faut faire une grande distinction entre les sens et l'intelligence.

1. HASLAM, *Observations sur la folie et la mélancolie*, 2ème éd. [1809], p. 192. [Note de Schopenhauer]

L'ablation d'un tubercule détermine la perte de la sensation, du *sens* de la vue; la rétine devient insensible, l'iris devient immobile. L'ablation d'un lobe cérébral laisse la sensation, le sens, la *sensibilité* de la rétine, la *mobilité* de l'iris; elle ne détruit que la perception seule. Dans un cas, c'est un fait *sensorial*, et, dans l'autre, un fait *cérébral*; dans un cas, c'est la perte du *sens*, dans l'autre, c'est la perte de la *perception*. La distinction des perceptions et des sensations est encore un grand résultat; et il est démontré aux yeux. Il y a deux moyens de faire perdre la vision par l'encéphale: 1° par les tubercules: c'est la perte du sens, de la sensation; 2° par les lobes: c'est la perte de la perception, de l'intelligence. La sensibilité n'est donc pas l'intelligence; penser n'est donc pas sentir; et voilà toute une philosophie renversée. L'idée n'est donc pas la sensation; et voilà encore une autre preuve du vice radical de cette philosophie.» Plus loin, à la page 77, sous le titre *Séparation de la sensibilité et de la perception*, Flourens ajoute: «Il y a une de mes expériences qui sépare nettement la sensibilité de la perception. Quand on enlève le *cerveau proprement dit (lobes ou hémisphères cérébraux)* à un animal, l'animal perd la vue. Mais, par rapport à l'œil, rien n'est changé: les objets continuent à se peindre sur la rétine; l'iris reste contractile; le *nerf optique* sensible, parfaitement sensible. Et cependant l'animal ne voit plus; il n'y a plus vision, quoique tout ce qui est sensation subsiste; il n'y a plus *vision*, parce qu'il n'y a plus *perception*. Le *percevoir*, et non le *sentir*, est donc le premier élément de l'intelligence. La *perception* est partie de l'*intelligence*, car elle se perd avec l'intelligence et par l'ablation du même organe, les *lobes* ou *hémisphères cérébraux*; et la *sensibilité* n'en est point partie, puisqu'elle subsiste après la perte de l'*intelligence* et l'ablation des *lobes* ou *hémisphères*.»

La nature intellectuelle de l'intuition en général était déjà aperçue par les Anciens; c'est ce que prouve ce vers célèbre du philosophe ancien *Épicharme*: «Seul l'entendement peut voir et entendre; autrement, tout est sourd et aveugle» [*De fortitudine Alexandri*, II, 3, 336 b]; Plutarque le cite (*De sollertia animalium*, chap. 3) et ajoute: parce que «la sensation dans les yeux et les oreilles ne produit aucune perception si la connaissance ne vient s'y ajouter»; quelques lignes plus haut, il avait dit: «C'est la théorie du physicien Straton qui démontre l'impossibilité absolue de la perception sans l'entendement». Mais il dit, peu après: «C'est pourquoi il faut que tous les êtres percevants aient aussi un entendement puisque nous ne pouvons percevoir que par l'entendement». On peut encore rapprocher de ceci un vers du même Épicharme rapporté par Diogène Laërce (III, 1, 16):

«L'intelligence n'est pas notre lot exclusif, O Eumée,

car tout être vivant a aussi un entendement».

Porphyre s'applique également à démontrer longuement que tous les animaux possèdent l'entendement (*De abstinentia*, III, 21).

La vérité de tout ceci découle nécessairement de la nature intellectuelle de l'intuition. Tous les animaux, jusqu'aux moins élevés, doivent posséder l'entendement, c'est-à-dire la connaissance de la loi de causalité, bien qu'à des degrés très divers de finesse et de netteté, mais toujours au moins autant qu'il en faut pour percevoir avec leurs sens: car la sensation sans l'entendement serait non seulement un don inutile, mais encore un présent cruel de la nature. Seuls ceux qui en seraient eux-mêmes privés pourraient mettre en doute l'entendement des animaux supérieurs. Mais on peut même constater, parfois, de manière indiscutable, que leur connaissance de la causalité est réellement une connaissance *a priori* et qu'elle ne dérive pas purement de l'habitude de voir une chose succéder à une autre. Un tout jeune chien ne sautera pas à bas d'une table parce qu'il anticipe le résultat. J'avais fait installer, il y a quelques temps, aux fenêtres de ma chambre à coucher de longs rideaux tombant jusqu'à terre et qui se séparaient en deux par le milieu au moyen d'un cordon: quand le matin, à mon lever, j'exécutai cette manœuvre pour la première fois, je remarquai, à ma grande surprise, que mon barbet, animal très intelligent, était resté tout saisi et que, tantôt se levant sur les pattes, tantôt furetant sur les côtés, il s'efforçait de trouver la cause du phénomène; il cherchait donc le changement qu'il savait *a priori* avoir dû précéder; le lendemain, il recommença la même manœuvre. — Mais les animaux inférieurs ont également de l'entendement: le polype lui-même qui n'a pas d'organes sensoriels distincts prouve qu'il perçoit, quand, à l'aide de ses bras, il se transporte de feuille en feuille jusqu'au sommet de sa plante aquatique pour trouver plus de lumière; par conséquent qu'il a de l'entendement.

L'entendement humain, que nous séparons nettement de la raison, ne diffère de cet entendement du plus bas étage que par le degré, et tous les échelons intermédiaires sont occupés par la série des animaux dont les espèces supérieures, comme le singe, l'éléphant, le chien, etc., nous surprennent par leur entendement. Mais, invariablement, l'office de l'entendement consistera toujours dans la connaissance immédiate des relations causales: d'abord de celles entre notre propre corps et les corps étrangers, d'où résulte la perception objective; puis des relations mutuelles entre ces corps objectivement perçus; dans ce dernier cas, ainsi que nous l'avons vu dans le paragraphe précédent, le rapport de causalité se présente sous trois formes différentes, à savoir, comme cause, comme excitation et comme motif; c'est par ces trois formes que tout mouvement se produit dans le monde et c'est par elles seules que l'entendement le conçoit. Si, de ces trois, ce sont les causes dans l'acception la plus restreinte, dont la recherche l'occupe, alors il crée la mécanique, l'astronomie, la physique, la chimie; il invente des machines propres au salut ou à la destruction; mais c'est toujours, au bout du compte, la connaissance immédiate et intuitive du rapport causal qui sert de base à toutes ces découvertes. C'est elle qui est la seule forme et la seule fonction de l'entendement; ce n'est nullement ce mécanisme compliqué des douze catégories kantiennes dont j'ai démontré le néant. – La compréhension, c'est la saisie immédiate, et par conséquent, intuitive, de l'enchaînement causal, bien qu'elle demande à être ensuite déposée dans des concepts abstraits afin d'être fixés. Aussi calculer n'est pas comprendre et ne fournit par soi aucune compréhension des choses. Le calcul ne s'occupe, par contre, que de purs concepts abstraits de grandeurs, dont il *établit* les rapports. Mais on n'acquiert pas par là la moindre compréhension d'un processus physique quelconque. Il y faut, en effet, la saisie intuitive des rapports spatiaux à travers lesquels les causes agissent. Le calcul déterminant la quantité et la grandeur n'a donc de valeur que pour la *pratique*, pas pour la théorie. On pourrait même dire: *là où commence le calcul, la compréhension cesse.* Car le cerveau occupé de chiffres pendant qu'il calcule reste complètement étranger à l'enchaînement causal dans la marche physique des phénomènes; il n'est rempli que de notions abstraites et de chiffres. Et le résultat ne donne jamais rien au-delà du *combien*, jamais le *quoi. L'expérience et le calcul**, cette formule favorite des physiciens français, ne suffisent donc nullement. – Si ce sont, par contre, les *excitations* que l'entendement poursuit, il créera la physiologie végétale et animale, la thérapeutique et la toxicologie. – Si ce sont, enfin, les *motifs* qu'il a choisis, alors ou bien il s'en servira en théorie pure, comme d'un fil conducteur pour produire des ouvrages de morale, de jurisprudence, d'histoire, de politique, de poésie épique et dramatique; ou bien il les utilisera pratiquement, soit pour dresser simplement des animaux, soit pour mener les hommes à la baguette, car il aura très habilement démêlé, pour chaque marionnette, le fil particulier à tirer afin de la faire se mouvoir à sa volonté. Que, moyennant les ressources de la mécanique, il utilise dans des machines la gravité des corps de façon à ce que l'action de la pesanteur se produisant exactement au moment voulu vienne servir son but; ou qu'il mette en jeu, au service de ses desseins, les penchants communs ou individuels des hommes, la chose reste exactement la même quant à la fonction qui est active dans ce travail. Dans cette application pratique, l'entendement est nommé habileté; quand on a recours à la duperie, adresse; quand les desseins sont frivoles, subtilité; et s'ils sont liés au dommage d'autrui, astuce. Par contre, ce n'est que dans son emploi purement théorique qu'on l'appelle *entendement* tout court; mais, porté à des degrés supérieurs, on le désigne par perspicacité, discernement, sagacité, pénétration; le manque d'entendement en revanche est appelé hébétude, bêtise, niaiserie, etc. Ces degrés si divers dans la qualité sont innés et ne peuvent s'acquérir par l'étude, bien que l'exercice et la compétence soient partout nécessaires pour pouvoir se servir correctement de l'entendement, ainsi que nous l'avons vu pour sa première application, c'est-à-dire pour la perception empirique. Tout imbécile a de la raison; donnez-lui les prémisses, il tirera la conséquence. Mais c'est l'entendement qui fournit la connaissance *primaire*, par conséquent intuitive; et c'est de là que viennent toutes les différences. Ainsi le noyau de toute grande découverte, comme aussi de tout plan d'histoire universelle, est-il le produit d'un instant heureux où, à la faveur de circonstances extérieures ou intérieures, des séries compliquées de causes ou bien les causes secrètes de phénomènes mille fois observés, ou bien des voies obscures et non encore explorées, s'éclairent soudain pour l'entendement.

Les explications précédentes sur ce qui se passe dans la vision et dans le toucher ont démontré sans conteste que l'intuition empirique est essentiellement l'œuvre de l'*entendement* auquel les sens ne font qu'apporter par leurs impressions la matière et, en vérité, une matière fort pauvre; si bien qu'on peut dire qu'il est l'artiste créateur et qu'*eux* ne sont que les manœuvres qui lui passent les matériaux. Son procédé invariable consiste à passer des effets donnés à leurs causes, qui par là seulement se présentent alors comme des corps dans l'espace. La condition en est la loi de causalité qu'il doit apporter lui-même dans ce but, car elle n'a pu lui être donnée d'aucune manière du dehors. Elle est la condition première de toute intuition empirique; celle-ci est la forme sous laquelle apparaît toute expérience extérieure; comment donc alors le principe de causalité pourrait-il avoir été puisé dans l'expérience dont il est lui-même le présupposé essentiel? C'est à cause de cette impossibilité absolue et parce que *Locke* dans sa philosophie avait supprimé toute apriorité que *Hume* a nié totalement la réalité du concept de cause. Locke avait déjà mentionné (dans le 7ème de ses *Essais sur l'entendement humain*) deux fausses hypothèses que l'on a fait revivre de nos jours: l'une, que c'est l'action de la volonté sur les membres du corps, l'autre, que c'est la résistance opposée par les choses à notre pression qui sont l'origine et le prototype du concept de causalité. Hume les a réfutées toutes deux à sa guise et dans son ordre d'idées. Quant à moi, voici comment j'argumente: entre l'acte de la volonté et l'action du corps, il n'existe aucun rapport de causalité; les deux sont directement une seule et même idée perçue deux fois: une première fois dans la conscience ou sens interne, comme acte de la volonté et en même temps dans la perception cérébrale, extérieure, de l'espace, comme action musculaire. La seconde hypothèse est fausse, d'abord parce que, comme je l'ai exposé en détail plus haut, une simple sensation du toucher est encore loin de fournir une intuition objective, et bien moins encore la notion de causalité; jamais ce concept ne pourra résulter simplement de l'empêchement d'un effort musculaire, empêchement qui, du reste, se produit souvent sans aucune cause externe; et secondement, parce que la pression sur un objet extérieur doit avoir un motif qui suppose la perception de cet objet et donc la connaissance de la causalité. Mais on ne peut démontrer radicalement que la notion de causalité est indépendante de toute expérience qu'en prouvant que c'est celle-ci qui dépend du principe et que c'est par lui seul qu'elle est possible ; c'est ce que j'ai fait dans les pages qui précèdent. Je montrerai tout à l'heure au § 23 que la preuve établie par *Kant* dans le même but est fausse.

C'est ici aussi le lieu de faire remarquer que Kant n'a pas compris ou qu'il a sciemment écarté comme ne s'accordant pas avec ses vues, cette intervention de la loi connue intuitivement de la causalité dans l'intuition empirique. Dans la *Critique de la raison pure* (en A 367 seulement[1]), il est parlé du rapport de la causalité à l'intuition, et cela, non dans la Théorie élémentaire, mais à un endroit où on ne le chercherait pas, à savoir le chapitre sur les paralogismes de la raison pure, dans la critique du quatrième paralogisme de la psychologie transcendante [*sic*]. Cette place qu'il lui assigne indique déjà que, dans l'examen de ce rapport, il n'a toujours en vue que la transition du phénomène à la chose en soi, non pas la naissance de l'intuition elle-même. Aussi dit-il dans ce passage que l'existence d'un objet réel en dehors de nous n'est pas donnée directement dans la perception ; qu'elle peut être conçue conjointement, et par conséquent conclue, comme en étant la cause externe. Mais en opérant ainsi, on est, à ses yeux, un *réaliste transcendantal*, et par conséquent, on est dans l'erreur. Car, par *objet extérieur*, Kant entend déjà ici l'*objet en soi*. L'idéaliste transcendantal, au contraire, s'en tient à la perception d'un réel empirique, c'est-à-dire existant dans l'espace en dehors de nous, sans avoir besoin de conclure avant tout à une cause de l'aperception pour lui donner de la réalité. La *perception* est, en effet, pour Kant un acte absolument immédiat s'effectuant sans le concours du rapport causal, ni de l'entendement par conséquent : il l'identifie

1. KANT, *Critique de la raison pure*, A 367 sq ; Ak. IV, 230 sq ; TP, 298 sq.

directement à la sensation. C'est ce que prouve le passage suivant (A 371): «Je n'ai pas plus besoin de raisonner par rapport à la réalité des objets extérieurs, etc.»¹ ou encore celui-ci: «on peut bien accorder, etc.»². Il résulte bien évidemment de ces passages que selon lui la *perception* des objets externes dans l'espace précède toute application de la loi de causalité; que celle-ci n'est donc pas contenue dans l'autre comme son élément et sa condition: la simple sensation est déjà la perception pour lui. En parlant de la perception, il ne mentionne la causalité que lorsqu'il s'agit de rechercher ce qui, au sens *transcendantal*, peut exister *hors de nous*, c'est-à-dire lorsqu'il est question de la chose en soi. En outre, Kant considère la loi de causalité comme contenue et comme possible uniquement dans la réflexion, ainsi donc dans la connaissance abstraite et claire des concepts, sans se douter aucunement que son application *précède toute réflexion*, ce qui est évidemment le cas, et spécialement pour l'intuition des sens; autrement, la perception ne pourrait jamais avoir lieu: je l'ai prouvé plus haut, par l'analyse que j'en ai faite et d'une manière indiscutable. Aussi Kant est-il forcé de laisser sans aucune explication la formation de l'intuition empirique; chez lui, comme si elle était donnée par miracle, elle est une pure affaire des sens et elle se confond avec la sensation. Je désire vraiment que les lecteurs qui veulent méditer la question relisent le passage de Kant que j'ai cité, pour bien voir clairement combien ma manière de comprendre toute la marche et tous les détails de la chose est plus exacte. Cette opinion tout à fait erronée de Kant s'est maintenue depuis dans les ouvrages de philosophie, personne n'osant y toucher; j'ai été le premier à venir déblayer le terrain,

---

1. KANT, *Critique de la raison pure*, A 371; Ak. IV, 233; TP, 300-301.
2. KANT, *Critique de la raison pure*, A 372; Ak. IV, 233; TP, 302.

chose indispensable pour jeter de la lumière sur le mécanisme de notre connaissance.

Cette rectification ne nuit d'ailleurs aucunement à la conception fondamentale idéaliste de Kant; elle y a même plutôt gagné en ce que, chez moi, la nécessité d'une loi de causalité est absorbée et résolue dans l'intuition empirique comme dans son résultat et, par conséquent, ne peut plus être invoquée au-delà, pour la question toute transcendantale de la chose en soi. Si nous nous reportons, en effet, à ma théorie exposée plus haut sur l'intuition empirique, nous trouverons que sa donnée première, la sensation, est quelque chose d'entièrement subjectif; c'est une opération qui s'effectue à l'intérieur de l'organisme puisqu'elle se passe sous la peau. Mais ces impressions des organes des sens, même en admettant qu'elles sont produites par des causes extérieures, ne peuvent jamais avoir aucune ressemblance avec la nature de ces causes; – le sucre n'a aucune ressemblance avec la douceur, ni la rose avec le rouge; Locke a déjà démontré cette vérité longuement et à fond. Mais même cette circonstance qu'elles doivent toujours avoir une cause extérieure s'appuie sur une loi que l'on démontre exister en nous, dans notre cerveau; c'est donc là encore quelque chose de tout aussi subjectif que la sensation même. Oui, le *temps*, condition première de la possibilité de tout changement, donc aussi du changement à l'occasion duquel seulement le principe de causalité peut commencer à s'appliquer, non moins que de l'*espace* qui seul permet de transporter à l'extérieur les causes qui y sont alors représentées comme objets, sont des formes subjectives de l'entendement, ainsi que *Kant* l'a prouvé de façon certaine. En conséquence, nous voyons que tous les éléments de l'intuition empirique se trouvent en nous, et qu'ils ne contiennent rien qui puisse fournir une indication certaine sur l'existence de quelque objet en dehors de nous, sur une chose en soi. – Mais il y a plus: sous le concept de *matière*, nous concevons ce qui reste des corps quand on les dépouille de leur forme et de leurs qualités spécifiques, par conséquent ce qui, dans tous les corps doit être égal, identique. Or, ces formes et ces qualités que nous leur ôtons, ne sont rien que le *mode d'action* particulier et spécialement déterminé des corps par lequel ils sont précisément différents les uns des autres. Ce qui reste donc après ce dépouillement, c'est la *simple activité générale*, c'est l'action pure en tant qu'action, c'est la causalité même, conçue objectivement, elle est donc le reflet de notre propre entendement; elle est donc l'image, projetée au dehors, de son unique fonction; la matière n'est de part en part que causalité et son essence, c'est l'*agir* en général. (Cf. *Le Monde comme volonté et comme représentation*, vol. I, § 4, p. 9; vol. II, p. 48-49 [PUF, p. 32 et 722-723]). C'est pourquoi on ne peut pas intuitionner la matière, mais seulement la penser; elle est quelque chose que l'on ajoute par la pensée, comme fondement de toute réalité. Car la causalité pure, le simple agir sans mode déterminé d'action, ne peut devenir objet d'intuition, et par conséquent faire l'objet de l'expérience. – La matière n'est donc que le corrélat objectif de l'entendement pur, car elle est la causalité absolument parlant, et rien d'autre; de même que l'entendement n'est que la connaissance immédiate de la cause et de l'effet en général, et rien de plus. C'est aussi pourquoi la loi de causalité ne peut s'appliquer à la matière même: cela veut dire que la matière ne peut être ni créée ni détruite; elle est et elle persiste. Car, comme tout changement des accidents (formes et qualités), c'est-à-dire toute création et toute destruction, ne peuvent survenir que moyennant la causalité et comme la matière n'est elle-même que la causalité pure comme telle, considérée au point de vue objectif, il s'ensuit qu'elle ne peut exercer son pouvoir sur elle-même, comme l'œil qui peut tout voir, sauf lui-même. Comme, en outre, «substance» est identique à matière, on peut dire: la *substance*, c'est l'*activité in abstracto*; l'*accident*, c'est le mode spécial d'activité, c'est l'activité *in concreto*. – Tels sont les résultats auxquels conduit le véritable idéalisme, c'est-à-dire l'idéalisme transcendantal. J'ai exposé dans mon grand ouvrage que, par la voie de la représentation, nous ne pouvons pas arriver à la chose en soi, c'est-à-dire à ce qui, de façon générale, existe même en dehors de la représentation, mais que nous devons prendre pour cela une tout autre route, passant par l'intérieur des choses et qui nous ouvre la forteresse, pour ainsi dire, par trahison.

Mais, si l'on voulait comparer l'analyse que je viens de faire, travail de bonne foi et profondément médité sur l'analyse de l'intuition empirique dans ses éléments qui, tous, se trouvent être subjectifs, si, dis-je, on voulait la comparer ou, peut-être, aller jusqu'à l'identifier avec les équations algébriques de *Fichte* sur le moi et le non-moi, avec ses démonstrations spécieuses et sophistiques qui n'ont pu abuser le lecteur que grâce au voile d'obscurités et d'absurdités qui les enveloppe, avec ses explications comment le moi résulte du non-moi, bref, avec toutes ces bouffonneries de la théorie de la science [*Wissenschaftslehre*] ou plutôt de l'absence de science [*Wissenschaftsleere*], ce serait montrer manifestement qu'on ne veut que me chercher chicane. Je proteste contre toute communauté avec ce *Fichte*, comme *Kant* a également protesté publiquement, et nommément, dans une annonce *ad hoc*, insérée dans le Journal littéraire d'Iéna (Kant, *Déclaration à l'égard de la doctrine de Fichte*, dans la feuille d'annonces du *Journal littéraire d'Iéna*, 1799, n° 109). Les hégeliens et autres ignorants de même acabit peuvent parler tant qu'il leur plaira d'une philosophie kantiano-fichtéenne : il existe une philosophie kantienne et une charlatanerie fichtéenne ; voilà le véritable état de choses, et il restera tel, malgré tous les efforts de ceux qui ne savent que préconiser le mal et dénigrer le bien ; et la patrie allemande, plus que tout autre pays, est riche d'individus de ce type.

§ 22
DE L'OBJET IMMÉDIAT

Ce sont donc les sensations corporelles qui fournissent les données pour la toute première application de la loi de causalité d'où résulte, par le fait même, l'intuition de la présente classe d'objets ; ceux-ci ont par conséquent leur essence et leur existence uniquement par et dans l'exercice de cette fonction de l'entendement se manifestant sous cette forme.

Le corps organique étant le point de départ pour l'intuition de tous les autres objets, c'est-à-dire qu'elle s'effectue par son intermédiaire, je l'avais appelé l'*objet immédiat* dans la première édition de ce traité, mais la signification de cette expression n'a qu'une valeur très impropre. Car bien que la connaissance de ces sensations soit tout à fait immédiate, cela ne fait pas que, par là, le corps lui-même se présente comme objet ; tout reste encore subjectif, c'est-à-dire sensation jusque-là. C'est de celle-ci, il est vrai, que dérive l'intuition des autres objets, comme causes de ces sensations. La connaissance objective du corps, c'est-à-dire sa connaissance comme objet, est également une connaissance *médiate*, car, pareil à tous les autres objets, il se représente à l'entendement et au cerveau (ce qui est la même chose) objectivement, c'est-à-dire reconnu comme cause d'un effet subjectivement donné ; or, ceci ne peut se faire que si ses parties agissent sur ses propres sens, donc si l'œil voit le corps, si la main le touche, etc., et c'est alors sur ces données que le cerveau ou l'entendement le construit dans l'espace, comme il le fait pour tous les autres objets, selon sa forme et sa qualité. — La présence immédiate des représentations de cette classe dans la conscience dépend donc de la position qui leur est assignée, pour chaque cas particulier, dans la concaténation de causes et d'effets qui lie toutes choses, et par rapport au corps du sujet qui connaît tout.

§ 23

CRITIQUE DE LA PREUVE KANTIENNE
DE L'APRIORITÉ DU CONCEPT DE CAUSALITÉ

L'exposé de la valeur universelle de la loi de causalité pour toute expérience, de son apriorité et, donc, de sa limitation à l'expérience est l'un des objets essentiels de la *Critique de la raison pure*. Mais je ne puis adhérer à la preuve qu'il y donne de l'apriorité du principe. En voici la substance : «La synthèse nécessaire du divers par l'imagination dans toute connaissance empirique donne une succession, mais pas encore une succession déterminée ; c'est-à-dire qu'elle n'indique pas de deux états perçus lequel a précédé l'autre, non pas seulement dans mon imagination, mais encore dans l'objet. Mais l'ordre véritable de cette succession par lequel seul ce qui est perçu devient une expérience, c'est-à-dire autorise des jugements ayant une valeur objective, cet ordre n'y est introduit que par les concepts purs de l'entendement de cause et d'effet. Le principe de causalité est donc la condition *a priori* de l'expérience et doit à ce titre nous être donné *a priori* » (Cf. *Critique de la raison pure*, A 201 ; B 246)[1].

D'après cela, l'ordre dans lequel se succèdent les changements des objets réels serait reconnu comme objectif tout d'abord au moyen de leur causalité. Kant répète et commente cette assertion dans la *Critique de la raison pure*, principalement dans la seconde analogie de l'expérience, puis, encore à la fin de la troisième analogie et je prie ceux qui voudront comprendre ce qui suit de relire ces passages. Il affirme ici partout que l'*objectivité de la succession des représentations*, qu'il explique comme étant leur concordance avec la succession d'objets réels, ne se reconnaît que par la règle selon laquelle ces objets se succèdent, c'est-à-dire par la loi de causalité ; il

1. KANT, *Critique de la raison pure*, A 201 ; B 246 ; Ak. III, 174 ; TP, 189.

soutient donc que la relation objective entre phénomènes qui se succèdent reste entièrement indéterminée dans la simple perception parce qu'alors je ne perçois que la succession de mes représentations et que la succession dans mon appréhension n'autorise aucun jugement sur la succession dans l'objet tant que mon jugement ne s'appuie pas sur la loi de causalité et parce qu'en plus, dans mon appréhension, je pourrais également conduire la succession des perceptions dans un ordre absolument inverse puisqu'il n'y a rien qui le détermine comme étant l'ordre objectif. Pour expliquer sa thèse, il prend l'exemple d'une maison dont je puis regarder les parties dans l'ordre qu'il me plaira, par exemple de haut en bas ou de bas en haut; la détermination de la succession serait ici uniquement subjective et ne s'appuierait sur aucun objet, car elle ne dépend que de son vouloir. Et il y oppose la perception d'un navire descendant un fleuve et qu'il perçoit successivement de plus en plus en aval du courant; dans ce cas, il ne peut plus changer la perception de la succession des positions du navire; c'est pourquoi il déduit ici l'ordre subjectif dans son appréhension de l'ordre objectif dans le phénomène qu'il appelle dès lors un *événement*. J'affirme, moi, au contraire, *que les deux cas ne diffèrent nullement l'un de l'autre, que tous les deux sont des événements* dont la connaissance est objective, c'est-à-dire une connaissance de changements d'objets réels, reconnus comme tels par le sujet. *Tous deux sont des changements de position de deux corps, l'un par rapport à l'autre.* Dans le premier exemple, l'un des objets est le corps propre et même une de ses parties seulement, à savoir l'œil; l'autre est la maison, et c'est la position de l'œil par rapport aux parties de la maison que l'on change successivement. Dans le second exemple, le navire change sa position par rapport au fleuve; il y a encore changement entre deux corps. Dans les deux cas, il s'agit d'événements [objectifs]. La seule différence est que, dans le premier cas, le changement provient du corps même de

l'observateur, corps dont les sensations sont bien le point
de départ de ses propres perceptions, mais qui n'en est pas
moins lui aussi objet parmi les objets, soumis par
conséquent aux lois du monde objectif. Le mouvement
volontaire de son corps est, pour l'observateur, en tant
qu'être connaissant, un simple fait empiriquement perçu.
L'ordre de la succession des changements pourrait aussi
bien être inversé dans le second cas qu'il l'a été dans le
premier, dès que l'observateur aurait la force de tirer le
navire en amont comme il a eu celle de mouvoir son œil
dans une direction opposée à la première. Car c'est de ce
que la succession dans les perceptions des parties de la
maison dépend de son vouloir que Kant veut déduire
qu'elle n'est pas objective et qu'elle n'est pas un
événement. Mais le mouvement de son œil dans. la
direction du grenier à la cave est un événement [objectif];
et le mouvement contraire de la cave au grenier en est
encore un, aussi bien que la marche du navire. Il n'y a ici
aucune différence, de même que, lorsqu'il s'agit de savoir
si c'est oui ou non un événement [objectif], il n'y a pas de
différence si je fais défiler devant moi une file de soldats
ou si je longe moi-même la file; les deux sont des
événements [objectifs]. Si, du rivage, je fixe mon regard
sur un navire qui le côtoie, il me semblera bientôt que le
rivage avance avec moi et que le navire est stationnaire:
ici je suis, il est vrai, dans l'erreur sur la cause du
déplacement relatif, puisque j'attribue le mouvement à un
faux objet; mais cela ne m'empêche pas de reconnaître
objectivement et exactement la succession réelle des
positions relatives de mon corps par rapport au navire.
Kant n'aurait pas cru non plus y trouver une différence s'il
avait réfléchi que son corps est un objet parmi les objets et
que la succession de ses perceptions empiriques dépend
de la succession des impressions produites par les autres
objets sur son corps, par conséquent que cette succession
est objective, c'est-à-dire qu'elle s'opère entre objets et
qu'elle est *immédiatement* (mais non pas médiatement)

indépendante de la volonté du sujet; elle peut donc parfaitement être perçue sans que les objets qui agissent successivement sur le corps soient en liaison causale.

Kant dit: le temps ne peut être perçu, donc empiriquement on ne peut percevoir aucune succession de représentations comme objective, c'est-à-dire comme changements dans les phénomènes, distincts des changements dans les représentations simplement subjectives. Ce n'est que par la loi de causalité, règle d'après laquelle des états succèdent les uns aux autres, que l'on peut reconnaître l'objectivité d'un changement. Et le résultat de sa thèse serait que nous ne percevons aucune succession dans le temps comme objective excepté celle de cause et effet et que toute autre série de phénomènes perçue par nous n'est déterminée, de telle façon plutôt que de telle autre, que par notre seule volonté. Je dois dire, contrairement à tout cela, que les phénomènes peuvent très bien *se suivre* sans *suivre les uns des autres*. Et cela ne porte aucun préjudice à la loi de causalité. Car il reste certain que tout changement est l'effet d'un autre changement, puisque cela est établi *a priori*; seulement, il ne succède pas simplement à ce changement unique qui est sa cause, mais à tous les autres qui existent simultanément avec cette cause et avec lesquels il n'a aucun lien de causalité. Je ne le perçois pas exactement dans l'ordre de la succession des causes, mais dans un ordre tout autre, qui n'en est pas moins objectif et qui est très différent d'un ordre subjectif, dépendant de ma seule volonté, comme serait par exemple la succession des images [de mon imagination]. La succession dans le temps d'événements qui n'ont pas de lien causal est précisément ce qu'on appelle *hasard* <Zufall>, mot qui vient de rencontre <zusammentreffen>, coïncidence <zusammenfallen> de ce qui n'est pas lié; comme [en grec] *sumbebekos* vient de *sumbainein* (v. Aristote, *Seconds Analytiques*, I, 4). Je passe la porte de ma maison et une tuile tombe en ce moment du toit et m'atteint; il n'y a là entre la chute de la tuile et ma sortie aucun rapport de cause à effet; mais il y a cette succession que ma sortie a précédé la chute de la tuile; cette succession est objectivement déterminée dans mon appréhension et non subjectivement par ma volonté; autrement elle aurait certainement inversé l'ordre. De même, la succession des sons d'un morceau de musique est déterminée objectivement et non subjectivement par moi qui l'écoute; mais qui donc s'avisera de soutenir que les sons se succèdent suivant la loi de causalité? La succession du jour et de la nuit est indubitablement reconnue objective par nous; mais, bien sûr, nous ne les considérons pas comme cause et effet réciproques; et même tout le monde jusqu'à Copernic était dans l'erreur sur leur véritable cause sans que la juste connaissance de leur succession ait eu à en souffrir. Pour le dire en passant, ce dernier exemple réfute du même coup l'hypothèse de Hume puisque la succession du jour et de la nuit, la plus ancienne et la moins soumise à exception, n'a encore jamais conduit personne à la prendre, par suite de l'habitude, pour une affaire de cause et effet.

Kant dit (*loc. cit.*) qu'une représentation ne montre sa réalité objective (ce qui veut dire qu'elle se distingue bien des images et des simples concepts) que si nous connaissons sa connexion avec d'autres représentations, connexion nécessaire et soumise à une loi (la loi de causalité) et, en outre, que si nous connaissons aussi sa place dans l'ordre de nos représentations, ordre déterminé du point de vue du temps. Mais faible est le nombre de ces représentations dont nous pouvons connaître la place que leur assigne la loi de causalité dans la série des causes et effets et nous savons, pourtant, toujours distinguer les choses objectives des subjectives, les objets réels des produits de notre imagination. Dans le rêve, nous ne pouvons pas faire cette distinction parce que le cerveau est isolé du système nerveux périphérique et ainsi des impressions externes; de là vient que, quand nous rêvons, nous prenons des images pour des objets réels et que ce ne soit que lors du réveil, c'est-à-dire quand la sensibilité nerveuse et, par elle, le monde extérieur rentre dans la conscience, et pourtant, même dans le rêve, la loi de causalité garde ses droits aussi longtemps qu'il dure. On serait presque tenté de croire que Kant était sous l'influence de Leibniz, lorsqu'il a écrit le passage dont nous venons de parler, alors qu'il lui est tellement opposé dans tout le restant de sa doctrine philosophique, à se rappeler que Leibniz, dans ses *Nouveaux Essais sur l'entendement humain* (livre IV, chap. II, § 14), a énoncé des vues toutes semblables; il dit par exemple: «La vérité des choses sensibles ne consiste que dans la liaison des phénomènes, qui doit avoir sa raison, et c'est ce qui les distingue des songes.– Le vrai critérium, en matière d'objets des sens, est la liaison des phénomènes, qui garantit les vérités de fait à l'égard des choses sensibles en dehors de nous.»

Dans toute cette preuve de l'apriorité et de la nécessité de la loi de causalité tirée de ce que nous ne connaîtrions que par son intermédiaire la succession objective des changements et que dans la mesure où elle serait la condition de l'expérience, Kant est tombé évidemment dans une erreur si surprenante et si palpable qu'elle ne peut s'expliquer que comme conséquence du fait qu'absorbé qu'il était dans la partie *a priori* de notre connaissance, il a perdu de vue ce qu'autrement tout le monde peut voir. Je suis le seul à avoir donné (cf. § 21) la démonstration exacte de l'apriorité de la loi de causalité. La preuve que nous connaissons *a priori* la loi de causalité me paraît déjà confirmée par la certitude inébranlable avec laquelle chacun s'attend dans tous les cas de l'expérience à voir l'expérience s'y conformer, c'est-à-dire par l'apodicticité que nous lui conférons; elle se distingue de toute autre certitude fondée sur l'expérience, par exemple des lois de la nature que nous connaissons empiriquement, en ce qu'il nous est impossible même de penser que cette loi souffre une exception quelque part dans le monde de l'expérience. Nous pourrions, par exemple, *penser* que la loi de gravitation cesse un jour d'agir, mais pas que cela arrive sans cause.

Dans sa démonstration, Kant est tombé dans l'erreur inverse de *Hume*. Ce dernier tient tout s'ensuivre pour un simple suivre. Kant veut, au contraire, qu'il n'y ait d'autre suivre qu'un *s'ensuivre*. L'entendement pur ne peut certes concevoir que le *s'ensuivre*; il comprend aussi peu le *suivre* que la différence entre la droite et la gauche, différence que l'on ne peut saisir que par la sensibilité pure comme c'est par elle seule aussi que l'on peut comprendre la succession. Une suite d'événements dans le temps peut très bien être connue empiriquement (ce que Kant nie, *loc. cit.*), aussi bien que la juxtaposition des objets dans l'espace. Mais la manière *dont* une chose *succède* à une autre dans le temps est aussi inexplicable que la manière dont une chose *résulte* d'une autre; dans le premier cas, la connaissance nous est donnée et est conditionnée par la sensibilité pure; dans le second, par l'entendement pur. Mais Kant affirmant que la causalité seule est le fil conducteur qui nous mène à la connaissance de la succession objective des phénomènes commet exactement la faute qu'il reproche à *Leibniz* (*Critique*, A 275; B 331) à savoir «d'*intellectualiser* les formes de la sensibilité»[1]. – Voici ce que je pense de la succession. Nous puisons dans le temps, cette forme propre à la sensibilité pure, la connaissance de la simple *possibilité* de la succession. Quant à la succession des objets réels dont la forme est précisément le temps, nous la connaissons empiriquement, par conséquent comme *effective*. Mais nous ne connaissons la *nécessité* d'une succession de deux états, c'est-à-dire d'un changement, que par l'entendement moyennant la catégorie de

1. KANT, *Critique de la raison pure*, A 275 ; B 331 ; Ak. III, 223 ; TP, 240.

causalité et le fait même d'avoir le concept de nécessité d'une succession est déjà la preuve que la loi de causalité ne nous est pas connue empiriquement mais qu'elle nous est donnée *a priori*. Le principe de raison suffisante en général est l'expression de la forme fondamentale, placée au cœur de notre faculté de connaissance, d'une liaison nécessaire entre tous nos objets (c'est-à-dire des représentations) : il est la forme commune de toutes les représentations et l'unique origine du concept de nécessité qui n'a d'autre contenu et d'autre valeur que la production de l'effet quand sa cause est donnée. Si, dans la classe de représentations qui nous occupe et dans laquelle il se présente comme loi de causalité, ce principe détermine l'ordre dans le temps, cela vient de ce que le temps est la forme de ces représentations et que, par conséquent, la liaison nécessaire apparaît ici comme règle de succession. Quand nous étudierons le principe de raison suffisante sous ses autres formes, la liaison nécessaire qu'il exige partout se présentera sous d'autres formes que le temps ; elle n'apparaîtra dès lors plus comme succession, tout en conservant constamment le caractère de liaison nécessaire ; ce qui démontre bien l'identité du principe sous toutes ses formes ou plutôt l'unique racine de toutes les lois dont le principe de raison suffisante est l'expression.

Si l'assertion de Kant à laquelle je m'attaque était exacte, nous ne pourrions connaître la *réalité* de la succession que par sa *nécessité* : ce qui supposerait un entendement embrassant simultanément toutes les séries de causes et d'effets, c'est-à-dire un entendement omniscient. Kant demande l'impossible à l'entendement, rien que pour pouvoir se passer au maximum de la sensibilité.

Comment concilier cette affirmation de Kant que l'objectivité de la succession ne peut être reconnue que par la nécessité de la succession de la cause et de l'effet avec cette autre proposition (*Critique*, A 203 ; B 249)[1] que la succession est l'unique critérium empirique permettant de distinguer entre deux états lequel est cause lequel est effet ? Qui ne voit ici qu'il y a un cercle évident ?

Si l'objectivité de la succession ne pouvait être connue qu'au moyen de la causalité, on ne pourrait la penser que comme causalité et elle lui serait identique. Car, si elle était autre chose, elle aurait aussi d'autres caractères distinctifs, permettant de la reconnaître, ce que Kant nie précisément. Donc, si Kant avait raison, on ne pourrait dire : «cet état-ci est l'effet de celui-là, donc il le suit». Car suivre et *être effet* ne seraient qu'une seule et même chose et la proposition ci-dessus serait tautologique. Cette suppression de toute différence entre suivre et s'ensuivre, reviendrait donc à donner raison à Hume qui soutenait que s'ensuivre n'est que suivre et qui, par conséquent, niait aussi cette différence.

La démonstration de Kant devrait donc se borner à montrer que nous ne connaissons empiriquement que l'effectivité de la succession ; mais que vu que nous connaissons, en outre, aussi la *nécessité* de la succession dans certains ordres d'événements, et que nous savons, même avant toute expérience, que tout événement doit avoir une place déterminée dans quelqu'une de ces séries, la réalité et l'apriorité de la loi de causalité en découlent par là même ; la seule démonstration exacte de son apriorité est celle que j'en ai donnée au § 21.

A côté de cette théorie de Kant suivant laquelle la succession objective ne peut être connue que par la liaison causale, il y en a une autre, exposée dans la *Critique* sous le titre de *Troisième analogie de l'expérience*, qui lui est parallèle, à savoir que la simultanéité n'est possible et n'est connaissable que par l'action réciproque. Sur ce thème, Kant va jusqu'à dire «que la

1. KANT, *Critique de la raison pure*, A 203 ; B 249 ; Ak. III, 176 ; TP, 191.

simultanéité de phénomènes qui n'agiraient pas réciproquement les uns sur les autres, mais qui se trouveraient séparés par un espace vide ne pourrait faire l'objet d'une perception» (ce serait une preuve *a priori* qu'il n'y aurait pas de vide entre les étoiles fixes) et «que la lumière qui *joue entre* notre œil et les corps célestes (cette expression semble sous-entendre que ce n'est pas seulement la lumière des étoiles qui agirait sur notre œil, mais aussi réciproquement celle de l'œil sur les étoiles) établit une communauté entre ces corps et nous et prouve ainsi leur existence simultanée». Cette dernière partie est fausse, même empiriquement; l'aspect d'une étoile fixe ne prouve pas du tout, en effet, qu'elle existe en même temps que l'observateur, mais tout au plus qu'elle existait il y a quelques années, souvent même quelques milliers d'années. Du reste, cette théorie de Kant subsiste et s'écroule comme l'autre; elle est seulement plus facile à pénétrer; de plus j'ai déjà parlé ci-dessus au § 20 de l'inanité de toute cette notion d'action réciproque.

On peut comparer, à son gré, la façon dont je conteste cette démonstration de Kant aux deux attaques qu'elle a subies antérieurement, celle de *Feder* dans son livre *De l'espace et de la causalité* [1787], § 29, et celle de G. E. *Schulze* dans sa *Critique de la philosophie théorique* [1801-1802], t. II, p. 422 sqq.

Ce n'est pas sans grande appréhension que j'ai osé présenter (en 1813) des objections contre une doctrine essentielle, passant pour démontrée et encore répétée dans les écrits les plus récents (par exemple par Fries, *Critique de la raison*, t. II, p. 85), de cet homme dont je vénère et admire la profondeur et à la doctrine duquel je dois tellement que son esprit me parle avec ces paroles d'Homère:

« J'écarte aussi de tes yeux le nuage qui jusqu'ici les recouvrait » [*Iliade,* V, 127].

§ 24

DU MAUVAIS USAGE FAIT DE LA LOI DE CAUSALITÉ

Il ressort des explications données précédemment que c'est faire un mauvais usage de la loi de causalité que de vouloir l'appliquer à autre chose qu'aux *changements* qui se produisent dans le monde matériel et donné par l'expérience; par exemple, de l'appliquer aux forces naturelles par lesquelles ces changements sont possibles ou à la matière sur laquelle ils s'effectuent ou encore à l'ensemble de l'univers, auquel il faut attribuer pour cela une existence absolument objective et non pas seulement cette existence dont notre intellect est la condition, enfin aussi dans divers autres cas. Je renvoie à ce que j'ai dit à ce sujet dans *Le Monde comme volonté et comme représentation* (vol. II, chap. 4, p. 42 sqq. [PUF, p. 705-731]). Ce mauvais usage vient toujours, en partie, de ce que l'on prend la notion de cause, comme bien d'autres notions en métaphysique et en morale, dans un sens *trop large* et, en partie, de ce que l'on oublie que bien que la loi de causalité soit une condition innée et qui rend seule possible l'intuition du monde extérieur, nous n'avons pas pour autant le droit d'appliquer ce principe, issu de la constitution propre de notre faculté de connaissance, à ce qui existe en dehors et indépendamment d'elle, comme s'il était l'ordre absolu et éternel du monde et de tout ce qui existe.

§ 25

LE TEMPS DU CHANGEMENT

Le principe de raison suffisante du devenir ne peut s'appliquer qu'à des *changements*. Nous devons signaler ici que, dès l'antiquité, les philosophes se sont demandés à quel moment se produit le changement. Ils se disaient qu'il ne pouvait se produire ni pendant que le premier état dure encore, ni après que le nouveau était déjà survenu ; mais que, si nous lui assignons un moment propre entre les deux, il fallait que, pendant ce temps, les corps ne fussent ni dans le premier, ni dans le second état ; par exemple qu'un mourant ne fût ni mort ni vivant, qu'un corps ne fût ni en repos, ni en mouvement ; ce qui est absurde. *Sextus Empiricus* a recensé toutes les difficultés et subtilités de la question dans son ouvrage *Adversus Mathematicos* (livre IX, 267-271) et ses *Hypotyposes* (livre VI, chap. 14) ; on en trouve aussi quelques unes dans *Aulu-Gelle* (livre VI, chap. 13). *Platon* avait expédié assez *cavalièrement** ce point difficile en déclarant dans le *Parménide* que le changement surgit *d'un coup* et ne prend *aucun temps*, qu'il est un instantané [εξαιφνης] qu'il appelle «une nature étrange [ατοπον], hors de tout temps, c'est-à-dire un état bizarre et en dehors du temps (mais qui ne s'en produit pas moins dans le temps)» [*Parménide*, 156 d].

C'est donc à la perspicacité d'*Aristote* qu'il a été réservé de tirer au clair cette épineuse question, ce qu'il a fait de façon complète et détaillée au livre VI de la *Physique*, chap. 1-8. La démonstration par laquelle il prouve qu'aucun changement ne s'effectue subitement (l'instantané de Platon), mais toujours par degré, remplissant par conséquent un certain temps, se fonde entièrement sur la pure intuition *a priori* du temps et de l'espace ; mais elle est aussi très subtilement tournée. L'essentiel de cette très longue argumentation pourrait se résumer ainsi. Dire que deux objets sont contigus, cela veut dire qu'ils ont leurs extrémités opposées en commun ; il n'y a donc que deux objets étendus, deux lignes par exemple, qui puissent être contigus ; s'ils étaient indivisibles, de simples points, il ne pourrait y avoir de contiguïté (parce qu'alors ils ne seraient qu'une seule et même chose). Appliquons cela au temps. De même qu'entre deux points il y a toujours une ligne, de même entre deux maintenant, il y a toujours encore un temps. C'est ce temps qui est le temps du changement : quand, dans le premier maintenant, il y a *un* état et un autre dans le second. Ce temps est divisible à l'infini, comme tout temps; par conséquent, l'objet qui change parcourt dans cet intervalle un nombre infini de degrés et c'est en passant par tous ces degrés que le second état résulte progressivement du premier. – Pour rendre la démonstration plus accessible au commun, voici comment on pourrait exposer les choses: entre deux états successifs, dont la différence est perceptible à nos sens, il en existe toujours plusieurs dont la différence est imperceptible pour nous parce que l'état qui survient nouvellement a besoin d'acquérir un certain degré d'intensité ou de grandeur pour pouvoir être perçu par les sens. Aussi ce nouvel état est-il précédé de degrés d'intensité ou de grandeur moindres, pendant le parcours desquels il diminue progressivement. Ces degrés, pris dans leur ensemble, sont ce que l'on entend sous le nom de changement et le temps qu'ils remplissent est le temps du changement. Appliquons ceci à un corps que l'on choque; l'effet prochain sera une certaine vibration de ses parties internes, laquelle, après avoir propagé l'impulsion, éclate au dehors sous forme de mouvement. – Aristote conclut très justement de la divisibilité à infini du temps que tout ce qui le remplit, par conséquent aussi tout changement, c'est-à-dire tout passage d'un état à un autre, doit également être infiniment divisible; que tout ce qui se produit doit donc se composer de parties en nombre infini et par suite s'effectuer toujours successivement et jamais subitement. De ces principes dont découle la production graduelle de tout mouvement, Aristote tire, dans le dernier chapitre de ce livre, cette importante conclusion que rien d'indivisible, par conséquent aucun simple *point*, ne peut se mouvoir. Cela s'accorde au mieux avec l'explication de la matière par *Kant* quand il dit qu'elle est «*ce qui est mobile dans l'espace*».

Cette loi de continuité et de production graduelle de tous les changements qu'Aristote a donc été le premier à formuler et à démontrer, a été exposée par *Kant* à trois reprises : dans sa Dissertation *De mundi sensibilis et intelligibilis forma*, § 14, dans la *Critique de la raison pure* (A 207 ; B 253)[1] ; enfin dans les *Premiers principes métaphysiques de la science de la nature*, à la fin de sa *Remarque générale sur la mécanique*. Dans ces trois passages, son exposé de la question est bref, mais aussi, moins profond que celui d'Aristote, avec lequel il s'accorde du reste entièrement sur l'essentiel ; aussi ne peut-on guère douter que Kant ne tienne ces vues, directement ou indirectement, d'Aristote, bien qu'il ne le nomme nulle part. La proposition d'Aristote qu'« il n'existe pas de continuité des instants » [*Physique*, IV, 10, 218 a 18] est rendue ainsi : entre deux instants, il y a toujours un temps ; on peut objecter à cette expression que même entre deux siècles, il n'y a pas de temps parce que, dans le temps comme dans l'espace, il faut toujours qu'il y ait une limite pure. – Au lieu donc de mentionner Aristote, Kant veut, dans le premier et le plus ancien des exposés cités, identifier la doctrine qu'il professe avec celle de la *lex continuitatis* de *Leibniz*. Si la doctrine de Kant et celle de Leibniz étaient vraiment identiques, ce dernier la tiendrait d'Aristote. Or Leibniz a d'abord posé cette *loi de continuité* (comme il le dit lui-même p. 189 dans les *Opera philosophica*, éd. Erdmann), dans une lettre à Bayle (*ibid.*, p. 104) où il l'appelle toutefois « principe de l'ordre général » et où il présente sous ce nom un raisonnement très général, très vague, principalement géométrique et qui ne se rapporte pas directement à la question du temps du changement dont il ne fait même pas état.

---

1. KANT, *Critique de la raison pure*, A 207 sq / B 253 sq ; Ak. III, 178 sq ; TP, 193 sq.

DE LA SECONDE CLASSE D'OBJETS POUR LE SUJET ET DE LA FORME DU PRINCIPE DE RAISON SUFFISANTE QUI Y RÈGNE

§ 26
EXPLICATION DE CETTE CLASSE D'OBJETS

La seule différence capitale entre l'homme et l'animal, différence que l'on a attribuée, de tout temps, à cette faculté de connaissance très particulière dont l'homme a l'exclusivité, et que l'on nomme *raison*, repose sur le fait que celui-ci possède une classe de représentations à laquelle aucun animal n'a part: ce sont les *concepts*, c'est-à-dire les représentations *abstraites*, par opposition aux représentations intuitives dont elles sont toutefois tirées. La première conséquence en est que l'animal ne parle ni ne rit; mais les conséquences indirectes en sont tous ces détails si nombreux et si importants qui distinguent la vie de l'homme et celle de l'animal. Car, avec l'apparition de la représentation abstraite, la motivation a désormais changé de nature. Quoique les actes ne soient pas moins nécessaires chez l'homme que chez l'animal, la nature nouvelle de la motivation qui se compose ici de *pensées* qui rendent possible le *choix de décision* (c'est-à-dire le conflit conscient des motifs) fait que, au lieu de s'exercer simplement par une impulsion reçue de choses présentes et sensibles, l'action s'accomplit en vertu d'intentions, avec réflexion, selon un plan, ou d'après des principes, ou des règles, avec l'accord d'autres hommes, etc.; mais c'est là ce qui amène aussi tout ce qui rend la vie humaine riche, artificielle et terrible au point que, dans cet Occident qui a blanchi son teint et où n'ont pu le suivre les antiques, vraies et profondes religions originelles de sa patrie, l'homme ne reconnaît plus ses frères, il a la folie de croire que les animaux diffèrent foncièrement de lui, et, pour s'entretenir dans cet égarement, il les appelle des bêtes; il applique, quand il s'agit d'eux, des noms injurieux à toutes les fonctions vitales qu'il a en commun avec eux; il les déclare hors la loi et s'élève violemment contre l'évidence qui lui montre qu'eux et lui sont d'essence identique.

Toute la différence consiste cependant, comme on vient de le dire, en ce qu'outre les représentations intuitives que nous avons considérées dans le chapitre précédent et que les animaux possèdent également, l'homme admet encore dans son cerveau, d'un volume si supérieur, à cette fin principalement, les représentations abstraites, c'est-à-dire tirées des précédentes. On a nommé ces représentations des *concepts <Begriffe>* parce que chacune comprend[1] *<begrifft>* en elle, ou plutôt sous elle, d'innombrables individus dont elle est la *représentation collective <Inbegriff>*. On peut aussi les définir: des *représentations tirées de représentations*. Pour les former, en effet, notre faculté d'abstraction décompose les représentations complètes, donc intuitives, étudiées au chapitre précédent, en leurs parties composantes, afin de considérer celles-ci isolément par la pensée comme les différentes propriétés ou comme les différents rapports des choses. Mais cette opération fait nécessairement perdre aux représentations leur réalité intuitive, de même que l'eau,

---

1. *Der Begriff* et *begreifen* ont la même étymologie.

décomposée en ses éléments, perd sa fluidité et sa visibilité. Car toute propriété ainsi isolée (abstraite) peut bien être *pensée* séparément, elle ne peut cependant pas, pour cette raison, être *intuitionnée* en elle-même. Pour former un concept abstrait en général, il faut abandonner un grand nombre des éléments qui composent une intuition donnée afin de pouvoir penser séparément les éléments restants; le concept embrasse donc moins par la pensée que l'intuition. Si, considérant plusieurs objets réels, on les dépouille de tout ce qui fait leur différence, pour ne garder que ce qu'ils ont de commun, on obtiendra le genre de l'espèce donnée. Par suite, le concept d'un genre est le concept de chacune des espèces qui y sont comprises, déduction faite de tout ce qui ne convient pas à *toutes ces espèces*. Or tout concept possible peut être conçu par la pensée comme un genre; c'est pourquoi il est toujours quelque chose de général et qui, comme tel, ne peut être un objet d'intuition. Aussi a-t-il une *sphère* qui est l'ensemble de tout ce que l'on peut y comprendre par la pensée. Plus on s'élève dans l'abstraction, plus on doit abandonner de parties et moins il reste donc pour la pensée. Les concepts suprêmes, c'est-à-dire les plus généraux, sont les plus vides et les plus pauvres; ils finissent par n'être plus qu'une enveloppe sans consistance, comme par exemple «être, essence, chose, devenir», etc. – Soit dit en passant: que peuvent donner des systèmes philosophiques qui partent de pareils concepts et qui n'ont d'autre substance que ces légères pellicules d'idées? Ils ne peuvent qu'être infiniment vides et pauvres, et dès lors, ennuyeux à mourir.

Les représentations sublimées et décomposées jusqu'à fournir des concepts abstraits ayant perdu, on l'a dit, tout rapport avec l'intuition, elles se déroberaient à toute connaissance et ne sauraient être employées dans les opérations de la pensée auxquelles on les destinait, si l'on ne les fixait et maintenait au moyen de signes matériels choisis à volonté: les mots. Ceux-ci, en tant qu'ils forment le contenu du dictionnaire, c'est-à-dire la langue, désignent toujours des représentations *générales*, des concepts et jamais des objets que l'on puisse intuitionner; un dictionnaire qui énumère au contraire des individus ne contient pas des mots, mais seulement des noms propres et c'est alors un dictionnaire géographique ou historique, c'est-à-dire énumérant tout ce que sépare l'espace ou tout ce que sépare le temps; car, *mes* lecteurs le savent, temps et espace sont le *principium individuationis.* Ce n'est que parce que les animaux sont limités aux représentations intuitives, parce qu'ils sont incapables d'abstraction et donc de concepts, qu'ils n'ont pas de langage, même alors qu'ils peuvent proférer des mots; ils comprennent en revanche les noms propres. Il résulte clairement de ma théorie du ridicule, dans *Le Monde comme volonté et comme représentation* (vol. I, § 13, et vol. II, chap. VIII [PUF, p. 93 sqq. et 771 sqq.]), que c'est l'absence des mêmes facultés qui exclut chez eux le rire.

Si l'on analyse le discours assez long et suivi d'un homme tout à fait inculte, on y trouvera une étonnante richesse de formes, de constructions, de tournures, de distinctions et finesses logiques de toutes sortes, tout cela correctement exprimé moyennant les formes de la grammaire avec toutes leurs flexions et leurs constructions avec emploi fréquent du *sermo obliquus* [style indirect] des différents modes du verbe, etc.; le tout sera tellement conforme à toutes les règles qu'on aura la grande surprise de ne pas pouvoir ne pas y reconnaître une connaissance étendue et bien enchaînée. Or l'acquisition de cette science s'est faite sur la base de la compréhension du monde donné à l'intuition; c'est l'œuvre fondamentale de la raison que d'extraire la substance essentielle de ce monde pour la déposer dans les concepts abstraits; et elle ne peut accomplir cette œuvre que par le langage. C'est donc par l'étude du langage que l'on acquiert la connaissance du mécanisme de la raison, c'est-à-dire la substance de la logique. Ceci ne peut évidemment se faire sans un grand travail intellectuel et sans une attention très soutenue ; la force en est donnée chez l'enfant par son désir d'apprendre, qui est très grand lorsqu'on lui présente ce qui lui est vraiment utile et nécessaire, et qui ne paraît faible que lorsque l'on veut lui imposer ce qui ne peut lui convenir. Par conséquent, en apprenant la langue, avec toutes ses tournures et ses finesses, en écoutant parler les grandes personnes, aussi bien qu'en parlant lui-même, l'enfant, même élevé sans instruction, développe sa raison et s'approprie cette logique réelle et concrète qui ne consiste pas dans les règles logiques, mais directement dans leur juste emploi ; comme un homme ayant des dons musicaux apprendra les règles de l'harmonie sans étudier les notes ni la basse fondamentale, mais simplement en jouant d'après l'oreille. – Le sourd-muet est, seul, dans l'impossibilité de faire cette étude de la logique par l'étude de la langue ; aussi est-il presque aussi dénué de raison que l'animal, s'il ne reçoit, en apprenant à lire, cette formation appropriée très ingénieuse qui remplace chez lui l'école naturelle de la raison.

§ 27
UTILITÉ DES CONCEPTS

Notre raison, ou faculté de penser, a pour caractère fondamental, comme on l'a montré plus haut, la faculté d'abstraction, autrement dit de former des *concepts* ; c'est donc leur existence dans la conscience qui amène de si prodigieux résultats. Voici, en substance, sur quoi se fonde cette faculté dans ses opérations.

Le contenu des concepts étant moindre que celui des représentations dont ils sont tirés, ils sont, par là même, plus maniables qu'elles et ils sont, par rapport à elles, à peu près comme les formules de l'arithmétique supérieure aux opérations de pensée dont elles sont issues et qu'elles remplacent ou comme le logarithme face au nombre. Ils ne retiennent du grand nombre des représentations dont ils sont les représentations que la part dont on a besoin, alors que, si l'on voulait rendre présentes par l'imagination les représentations elles-mêmes, on devrait traîner, pour ainsi dire, un fardeau d'accessoires et que l'on s'égarerait facilement ; mais, par l'application des concepts, on ne pense plus maintenant que les éléments et relations de toutes ces représentations réclamées à chaque fois par le but. Leur usage peut être comparé à l'abandon d'un bagage inutile ou à l'emploi des principes actifs au lieu des plantes, de la quinine au lieu du quinquina. D'une manière générale, c'est cette occupation de l'intellect travaillant avec des *concepts*, c'est-à-dire la présence dans la conscience de cette classe de représentations dont nous nous occupons dans ce chapitre, que l'on appelle proprement *pensée* au sens strict de ce mot. On la désigne aussi par le terme de *réflexion*, lequel forme une métaphore empruntée à l'optique et exprimant en même temps ce qu'il y a de dérivé et de secondaire dans cette espèce de connaissance. C'est cette pensée, cette réflexion qui donne à l'homme le *recueillement* dont l'animal est privé. Car, par la faculté que la pensée lui procure de se représenter mille choses sous un même concept et, dans chacune, l'essentiel seulement, il peut à son gré rejeter des différences de toute nature, par conséquent, même celles de l'espace et du temps ; il acquiert ainsi la possibilité d'embrasser d'un coup, par l'esprit, les choses passées, à venir et absentes ; l'animal, au contraire, est sous tous les rapports enchaîné au présent. Ce recueillement, cette faculté de réfléchir, de rassembler ses esprits, est, à vrai dire, la source de tout ce travail pratique et théorique qui rend l'homme si supérieur à l'animal ; de là, le soin qu'il prend de l'avenir tout en considérant le passé ; de là, les plans médités, bien coordonnés qu'il suit pour arriver à ses fins ; de là, l'association en vue d'un but commun ; de là, l'ordre, les lois, l'État, etc. — Les concepts fournissent encore, tout particulièrement, le matériau propre des sciences dont les buts peuvent être ramenés, en fin de compte, à la connaissance du particulier par le général, ce qui n'est possible que par le *dictum de omni et nullo*[1] et cela, à son tour, que par l'existence des concepts. Ainsi Aristote dit-il que «sans l'universel, il n'est pas possible d'arriver à la science» (*Métaphysique*, XII, 9 [1086 b 5]). Les concepts sont justement ces universaux sur le type d'existence desquels a roulé, au moyen âge, la longue querelle des réalistes et des nominalistes.

§ 28
LES REPRÉSENTANTS DES CONCEPTS
LA FACULTÉ DE JUGER

Il ne faut pas confondre, on l'a dit, le concept avec l'image en général; celle-ci est une représentation intuitive et complète, par conséquent particulière, qui n'est cependant pas produite immédiatement par une impression sur les sens et qui n'est, par conséquent, pas une représentation appartenant au tout de l'expérience. Il faut encore distinguer l'image du concept lorsqu'elle est utilisée comme *représentant d'un concept*. C'est ce qui arrive quand on veut avoir la représentation elle-même de ce dont le concept est la représentation et à laquelle elle correspond, ce qui n'est jamais possible: car, par exemple, il n'y a pas de représentation du chien en général, de la couleur, du triangle, du nombre en général, pas d'images correspondant à ces concepts. On évoque alors l'image de n'importe quel chien, qui, comme représentation, est totalement déterminée, c'est-à-dire d'une certaine grandeur, d'une certaine forme, d'une certaine couleur, etc., le concept dont il est le représentant ne possédant aucune de

1. Règle logique énonçant que si une propriété est affirmée du genre, elle vaut alors de tous les membres du genre et qu'inversement, si elle est niée de chacun des membres du genre, elle doit être niée du genre lui-même.

ces déterminations. Mais on sait toujours, quand on use de ce genre de représentant d'un concept, qu'il n'est pas adéquat au concept qu'il représente, mais qu'il est revêtu d'une foule de déterminations arbitraires *Hume*, dans ses *Essais sur l'entendement humain*[1], essai XII, à la fin de la première partie, émet exactement ces mêmes idées; *Rousseau* également dans l'essai *Sur l'origine de l'inégalité*, vers le milieu de la première partie. En revanche, Kant professe dans le chapitre du tableau systématique des concepts de l'entendement pur une tout autre théorie sur cette question. Seules l'observation et la réflexion claire peuvent en décider. Que chacun examine donc s'il a conscience d'un «monogramme de l'imagination pure *a priori*»[2], si, lorsqu'il pense par exemple un chien, il imagine quelque chose *entre chien et loup**, ou si, conformément aux explications qu'on vient de donner, il pense par la raison un concept ou s'il se représente par l'imagination quelque représentant du concept sous forme d'une image achevée.

Toute pensée, au sens le plus large du mot, c'est-à-dire toute activité intérieure de l'esprit en général, a besoin de mots ou d'images; elle manque de point d'appui si les uns ou les autres font défaut. Mais les deux ne sont jamais nécessaires à la fois, bien qu'ils puissent mutuellement s'étayer. La pensée, au sens strict, c'est-à-dire l'abstraction effectuée à l'aide des mots, est ou bien raisonnement purement logique et reste alors dans son domaine propre, ou bien elle s'avance jusqu'à la limite des représentations intuitives pour établir la balance réciproque et déterminer les rapports entre les données de l'expérience intuitivement saisies par l'entendement et les concepts abstraits clairement conçus par la pensée, de façon à posséder ainsi une connaissance complète. En pensant, nous cherchons

---

1. Il s'agit de l'*Enquête sur l'entendement humain* de Hume.
2. Cf. KANT, *Critique de la raison pure*, A 142 / B 181 ; Ak. III, 136 ; TP, 153.

donc tantôt, pour un cas donné, une intuition donnée, le concept ou la règle sous laquelle le cas se range; tantôt, pour une intuition ou une règle donnée, le cas individuel qui peut l'appuyer. Cette activité ainsi entendue s'appelle *faculté de juger*; on l'appelle, d'après la distinction établie par Kant, dans le premier cas, réfléchissante, et, dans le second, déterminante. La faculté de juger sert donc de médiateur entre la connaissance intuitive et la connaissance abstraite, c'est-à-dire entre l'entendement et la raison. La plupart des hommes ne la possèdent qu'à l'état rudimentaire, souvent même que *de nom* [1] : ils sont faits pour être guidés par d'autres. Avec ceux-là, il ne faut parler que dans les limites du strict nécessaire.

La pensée opérant à l'aide des représentations intuitives est la vraie substance de toute connaissance, vu qu'elle retourne à la source première, à la base de tous les concepts. Aussi produit-elle toutes les pensées vraiment originales, toutes les vues nouvelles et toutes les découvertes, pour autant qu'elles n'ont pas été, pour la meilleure part, le fruit du hasard. Dans la pensée, c'est l'*entendement* dont l'action domine, tout comme dans l'abstraction pure, c'est la *raison*. C'est à l'entendement qu'appartiennent certaines pensées qui courent longtemps par la tête, qui vont et viennent, revêtues tantôt d'une intuition, tantôt d'une autre, jusqu'au moment où, devenues claires, elles se fixent dans des concepts et trouvent leur expression. Il y en a même qui ne la rencontrent jamais, et hélas! les meilleures: «celles qui dépassent la parole humaine», comme dit Apulée [*Métamorphoses*, XI, 23, 1071, 3].

Aristote est allé toutefois trop loin en soutenant qu'il n'est pas possible de penser sans images. Il s'exprime à ce sujet dans les chapitres 3, 7 et 8 du troisième livre du *De*

1. Que celui qui juge cela exagéré considère le destin de la théorie des couleurs de Goethe ; s'il s'étonne que j'y voie une confirmation, il m'en fournit lui-même une seconde. [Note de Schopenhauer]

anima : «c'est pourquoi jamais l'âme ne pense sans image» [III, 7, 431 a 16] et encore : «l'exercice même de l'intellect doit être accompagné d'une image» [II, 8, 432 a 8] ; ailleurs : «il est impossible de penser sans image» (*De memoria*, I [449 b 31]). Cette thèse avait cependant fait une forte impression sur les penseurs du XVe et du XVIe siècle et plusieurs l'ont répétée en renchérissant ; ainsi, par exemple, Pic de la Mirandole, dit-il : «qui réfléchit et pense, doit nécessairement (suivant Aristote) considérer des images» (*De imaginatione*, V) ; Mélanchton (*De anima*, p.130) : «qui pense, doit nécessairement considérer des images» et Giordano Bruno (*De compositione imaginum*, p.10) : «Aristote dit que celui qui veut connaître doit considérer des images». Pomponace (*De immortalitate*, p. 54 et 70) se prononce aussi en ce sens. – Tout ce qu'on peut affirmer, c'est que toute connaissance vraie et originaire, toute philosophie véritable doit avoir pour cœur ou pour racine une conception intuitive. Car, même si celle-ci a quelque chose de momentané et d'indifférencié, elle communique ensuite vie et corps à tout l'exposé, si détaillé qu'il puisse être, comme une goutte du réactif approprié donne à toute la solution la teinte du précipité qu'il produit. L'exposé l'a-t-il, il est alors comme le billet d'une banque qui a du numéraire en caisse ; tout autre exposé, tiré de simples combinaisons de concepts, est comme le papier d'une banque qui n'a encore déposé comme garantie que de nouveaux papiers portant obligation. Le discours simplement raisonnable se borne à élucider les conséquences de concepts donnés ; il ne produit, en réalité, rien de nouveau et l'on pourrait donc laisser ce travail à chacun, au lieu d'en remplir chaque jour des livres entiers.

§ 29

PRINCIPE DE LA RAISON SUFFISANTE DE LA CONNAISSANCE

La pensée, même au sens strict, ne consiste cependant pas dans la simple présence dans la conscience des concepts abstraits, mais dans la liaison ou la séparation de deux concepts ou plus, sous différentes restrictions et modifications qu'enseigne la logique dans la théorie du jugement. Lorsqu'il est clairement pensé et exprimé, ce rapport de concepts s'appelle un *jugement*. Or, à l'égard des jugements, le principe de raison vient encore une fois faire valoir son autorité, mais sous un aspect très différent de celui qui a été exposé au chapitre précédent: à savoir comme principe de raison suffisante de la connaissance, *principium rationis sufficientis cognoscendi*. Il établit, à ce titre, que, pour exprimer une *connaissance*, un jugement doit avoir une raison suffisante: à ce titre, on le qualifie de *vrai*. La *vérité* est donc la relation d'un jugement à quelque chose qui en diffère et que l'on nomme son fondement <*Grund*>; celle-ci, comme nous allons le voir, admet une importante variété d'espèces. Mais, comme c'est toujours quelque chose sur quoi le jugement s'appuie ou repose, le terme allemand de *Grund* a été bien choisi. En latin et dans toutes les langues latines, le nom du *principe de connaissance* est le même que celui de la *raison*. Les deux s'appellent *ratio, la ragione, la razon, la raison, the reason*: ce qui prouve que l'on a considéré la connaissance du fondement les jugements, comme la plus noble fonction de la raison, comme son affaire *par excellence*. – Les fondements sur lesquels un jugement peut reposer sont de quatre espèces et, suivant celle dont il s'agit, le jugement en reçoit une vérité de nature différente. Celles-ci sont exposées dans les quatre paragraphes qui suivent.

§ 30
VÉRITÉ LOGIQUE

Un jugement peut avoir pour fondement un autre jugement. Dans ce cas, sa vérité est *logique* ou *formelle*. La question de savoir s'il a aussi une vérité matérielle reste ouverte et cela dépend si le jugement sur lequel il se fonde renferme une vérité matérielle ou si la série des jugements sur laquelle il s'appuie aboutit à une vérité de cette sorte. – La fondation d'un jugement sur un autre naît toujours d'une comparaison entre eux, ce qui peut se faire directement par la conversion ou la contraposition ou encore par l'adjonction d'un troisième jugement et alors la vérité de celui que l'on cherche à fonder ressortira du rapport des deux autres. Cette opération est le *syllogisme* complet. Il peut s'effectuer aussi bien par l'opposition que par la subsomption des concepts. Le syllogisme, ayant pour objet de fonder un jugement sur un autre au moyen d'un troisième, n'opère donc jamais que sur des jugements ; ceux-ci n'étant que des enchaînements de concepts abstraits qui, à leur tour, sont l'objet exclusif de la raison, on a très justement dit que le syllogisme était l'affaire propre de la raison. La science syllogistique n'est que l'ensemble des règles pour l'application du principe de raison aux jugements combinés ; c'est donc le canon de la *vérité logique*.

Il faut également considérer comme fondées sur un autre jugement les propositions dont la vérité résulte des quatre lois bien connues de la pensée : ces lois sont, en effet, elles-mêmes précisément des jugements dont résulte la vérité de ces propositions. Ainsi, par exemple, ce jugement : «le triangle est l'espace compris entre trois lignes» a pour fondement ultime le principe d'identité ; le jugement «aucun corps n'est inétendu» a pour fondement ultime le principe de contradiction ; le jugement «tout jugement est vrai ou faux» a pour fondement ultime celui du tiers exclu ; enfin celui-ci : «nul ne peut tenir quelque chose pour vrai sans savoir pourquoi», a pour fondement ultime le principe de raison suffisante de la connaissance. Si, dans l'usage ordinaire de la raison, on tient pour vrais les jugements qui résultent de ces quatre lois de la pensée, sans les ramener d'abord à celles-ci comme à leurs prémisses, la plupart des hommes n'ayant jamais entendu parler de ces lois abstraites, cela ne rend pas ces jugements, pour autant, indépendants de ces lois qui sont leurs prémisses; pas plus que la proposition «si l'on retire à ce corps son appui, il va tomber», n'est indépendante du principe qui dit que «tous les corps tendent au centre de la terre» qui en est la prémisse, parce que ce jugement est possible sans que celui qui l'énonce en ait jamais eu connaissance. Je ne puis donc approuver ce qu'on enseigne jusqu'à présent en Logique, à savoir que les jugements qui s'appuient exclusivement sur ces lois de la pensée renferment une *vérité intrinsèque*, c'est-à-dire qu'ils sont *immédiatement vrais* et qu'il faut distinguer entre cette *vérité logique intrinsèque* et la *vérité logique extrinsèque*, cette dernière ayant pour fondement un autre jugement. Toute vérité est relation entre un jugement et quelque chose qui est *hors de* lui et une *vérité intrinsèque* est une contradiction.

§ 31
VÉRITÉ EMPIRIQUE

Une représentation de la première classe, c'est-à-dire une intuition médiée par les sens, une expérience, par conséquent, peut être le fondement d'un jugement: le jugement a alors une vérité *matérielle* et, pour autant que le jugement se fonde *immédiatement* sur l'expérience, cette *vérité* est *empirique*.

Dire qu'un jugement a une *vérité matérielle*, cela signifie, d'une manière générale, que les concepts y sont liés, séparés et restreints ainsi que l'exigent les représentations intuitives sur lesquelles il se fonde. Reconnaître la nature de ces concepts, c'est l'office direct de la *faculté de juger*, qui est, comme on l'a dit, l'élément intermédiaire entre la faculté de la connaissance intuitive et celle de la connaissance abstraite ou discursive, donc entre l'entendement et la raison.

§ 32
VÉRITÉ TRANSCENDANTALE

Les *formes* de la connaissance empirique, intuitive, lesquelles existent dans l'entendement et dans la sensibilité pure, peuvent servir, en qualité de conditions de possibilité de toute expérience, de fondement à un jugement qui est alors synthétique *a priori*. Comme toutefois un semblable jugement est matériellement vrai, sa vérité est transcendantale ; car il ne se fonde pas simplement sur l'expérience, mais sur ces conditions qui existent en nous, lesquelles seules rendent toute expérience possible. Ce jugement est en effet déterminé par ce qui détermine l'expérience elle-même : c'est-à-dire soit par les formes de la sensibilité pure dont nous avons l'intuition *a priori*, soit par les catégories de l'entendement dont nous avons la connaissance *a priori*. Ces jugements sont, par exemple, ceux-ci : deux lignes droites n'enferment aucun espace ; rien n'arrive sans cause ; « 3 x 7 = 21 ». Comme exemples de cette espèce de vérité, on peut citer l'ensemble des mathématiques pures, de même que ma table des prédicables *a priori* dans le vol. II du *Monde comme volonté et comme représentation* et aussi la plupart des propositions de Kant dans ses *[Premiers] principes métaphysiques de la science de la nature*.

§ 33
VÉRITÉ MÉTALOGIQUE

Enfin, les conditions formelles de toute pensée qui existent dans la raison peuvent servir de fondement à un jugement dont la vérité est alors d'une nature telle que je crois la caractériser, le plus adéquatement, en l'appelant *vérité métalogique*. Cette expression n'a, pour le reste, rien de commun avec le *Metalogicus* composé au XIIe siècle par Jean de Sarisberry[1]; il déclare, en effet, dans son introduction, qu'il «appelle son livre Métalogique, parce qu'il y prend la Logique sous sa protection.» Après quoi, il ne se sert plus du mot. Il n'existe que quatre jugements de ce genre, que l'on a depuis longtemps trouvés inductivement et nommés lois de toute pensée, bien que l'on ne se soit pas encore accordé sur leur formulation comme sur leur nombre; on est pourtant parfaitement d'accord sur ce qu'ils doivent signifier d'une manière générale. Ce sont les suivants: 1°) le sujet est égal à la somme de ses attributs ou a = a. 2°) Un attribut ne peut être à la fois affirmé ou nié d'un même sujet ou a − a = 0. 3°) De deux attributs contradictoirement opposés, l'un doit convenir à tout sujet. 4°) La vérité est la relation d'un jugement à quelque chose en dehors de lui comme raison suffisante de la connaissance.

Que ces jugements sont l'expression des conditions de toute pensée et qu'ils se fondent donc sur elles, c'est ce que nous connaissons par une réflexion que j'appellerais volontiers une enquête de la raison sur elle-même. C'est, en effet, aux vains efforts qu'elle fait pour penser contre ces lois, que la raison les connaît comme conditions de possibilité de toute pensée: de même que nous ne connaissons les différents mouvements possibles du corps que par les tentatives que nous faisons. Si le sujet pouvait se connaître lui-même, nous connaîtrions ces lois

---

1. Il s'agit de Jean de Salisbury.

directement sans avoir besoin de les éprouver d'abord sur des objets, c'est-à-dire des représentations. Il en va de même, sous ce rapport, des principes des jugements doués de vérité transcendantale, qui n'arrivent pas immédiatement à notre conscience mais que nous devons connaître d'abord *in concreto*, au moyen d'objets, c'est-à-dire de représentations. D'une manière générale, il y a une ressemblance et un rapport remarquables entre les vérités transcendantales et les vérités métalogiques, qui indiquent leur racine commune. Comme vérité métalogique remarquable, nous voyons ici le principe de raison suffisante, apparu au chapitre précédent comme vérité transcendantale et qui apparaîtra au chapitre suivant, sous une autre forme, comme vérité transcendantale. C'est aussi pourquoi je travaille dans cette dissertation à établir que le principe de raison suffisante est un jugement qui a une quadruple raison, non comme quatre raisons différentes conduisant par hasard au même jugement, mais une seule raison se présentant sous un quadruple aspect, que j'appelle métaphoriquement une quadruple racine. Les trois autres vérités métalogiques sont si semblables qu'on est presque porté nécessairement dans leur étude à leur chercher une expression commune ; c'est ce que j'ai fait au chapitre IX du deuxième volume de mon grand ouvrage Elles sont, par contre, très différentes du principe de raison suffisante. Si l'on voulait trouver, parmi les vérités transcendantales, quelque chose d'analogue à ces trois autres vérités métalogiques, on devrait choisir celle de la permanence de la substance, c'est-à-dire de la matière.

§ 34

LA RAISON

Les représentations comprises dans la classe dont traite ce chapitre étant propres à l'homme et tout ce qui le distingue si puissamment des animaux et qui le rend si supérieurement privilégié à leur égard dérivant, ainsi que nous l'avons démontré, de sa faculté d'avoir ces représentations, il est évident et incontestable que cette faculté est la *raison* qui a toujours été proclamée comme la prérogative de l'homme; de même aussi, tout ce qui dans tous les temps et par tous les peuples a été considéré expressément comme la manifestation ou l'œuvre de la raison, du *logos, logimon, logistikon, ratio, la ragione, la rázon, reason, Vernunft*, se ramène évidemment à ce que peut produire cette connaissance abstraite, discursive, réflexive, médiate et inséparable des mots, mais nullement à la simple connaissance intuitive, immédiate et sensible qui appartient aussi à l'animal. Cicéron rapproche très justement dans le *De officiis* (I, 16 [50]) *ratio* et *oratio*, qu'il décrit comme «ce qui par l'enseignement et par l'étude, en permettant de communiquer, de discuter et de juger, associe les hommes entre eux» et, de même, dans le *De natura deorum* (II, 7 [7, 18]): «c'est ce que j'appelle raison ou bien (si vous préférez d'autres termes) l'esprit, la réflexion, la pensée, la prudence»; il écrit encore dans le *De legibus* (I, 10 [30]): «la raison à qui seule nous devons la supériorité que nous avons sur les bêtes, grâce à laquelle nous pouvons inférer, démontrer, réfuter, exposer, conclure». Mais c'est dans le même sens que, partout et toujours, les philosophes se sont exprimés sur la raison jusqu'à *Kant*, qui, lui-même, du reste, la définit encore la faculté des principes et de l'inférence, bien qu'on ne puisse nier qu'il a donné lieu aux falsifications ultérieures. J'ai déjà longuement parlé dans plusieurs ouvrages de cet accord de tous les philosophes sur ce point ainsi que sur la véritable nature de la raison, par opposition à sa falsification par les professeurs de philosophie au siècle présent : on peut voir pour cela *Le Monde comme volonté et comme représentation*, vol. I, § 8 et l'Appendice, p. 577-585 de la 2ème éd., puis vol. II, chap. VI [PUF, p. 64-69 et p. 738-746] ; et aussi les *Problèmes fondamentaux de l'éthique* (p. 148-154)[1]. Je n'ai donc pas à répéter ici ce que j'y ai dit ; j'y rattache seulement les remarques suivantes.

Les professeurs de philosophie ont jugé bon de retirer le nom qu'elle a porté jusqu'ici à cette faculté de penser et d'examiner par la réflexion et les concepts, par laquelle l'homme se distingue de l'animal, à cette faculté qui exige l'emploi du langage et qui en donne la capacité, à cette faculté dont dépend la capacité d'action réfléchie de l'homme et avec elle toutes les productions humaines, à cette faculté que tous les peuples et même tous les philosophes ont considérée de cette manière ; ils ont jugé bon de ne plus l'appeler la *raison* <*Vernunft*>, mais, contre tout usage et toute convenance, l'*entendement* <*Verstand*> ; et tout ce qui en découle, ils le disent intelligent <*verständig*> au lieu de raisonnable <*vernünftig*> : ce qui produit un effet discordant et maladroit comme une fausse note. Car, de tout temps et en tout lieu, on a désigné par *Verstand, entendement, intellectus, acumen, perspicacia, sagacitas*, etc., cette faculté immédiate et plutôt intuitive que nous avons étudiée au chapitre précédent ; ses manifestations, qui diffèrent spécifiquement des produits de la raison qui nous occupent présentement, on les a dites intelligentes, prudentes, fines, etc. ; ainsi donc intelligent et raisonnable ont toujours été distingués l'un de l'autre, comme manifestant deux facultés intellectuelles entièrement différentes. Mais les professeurs de philosophie étaient tenus de ne pas s'en soucier ; leur politique exigeait ce

---

1. Cf. *Le fondement de la morale*, § 6 : *Du fondement de la morale dans Kant.*

sacrifice, et en pareil cas, voici leur langage: «Place, range-toi, vérité! Nous avons des desseins plus élevés et mieux compris; place, *in majorem Dei gloriam*, comme tu en as la longue habitude! Est-ce toi, par hasard, qui paye les honoraires ou les appointements? Place, place, vérité! Cours te blottir dans l'ombre auprès du mérite.» Ils avaient besoin, en effet, de la place et du nom de la *raison* pour les donner à une faculté inventée et imaginaire ou, pour parler plus exactement et plus franchement, à une faculté controuvée de leur invention, qui devait servir à les tirer de la détresse où *Kant* les avait plongés; c'était une faculté de connaissances immédiates, métaphysiques, c'est-à-dire dépassant toute possibilité de l'expérience, saisissant le monde des choses en soi et leurs rapports; cette faculté devait par conséquent être, avant tout, une «conscience de Dieu», c'est-à-dire une connaissance directe du bon Dieu, déterminer *a priori* la manière dont il s'y était pris pour créer l'univers; ou bien, au cas où cela semblerait trop trivial, comment, en vertu d'une action vitale plus ou moins nécessaire, il l'avait expulsé de son sein et pour ainsi dire engendré; ou bien encore, ce qui est le plus commode, quoique, en même temps du plus haut comique, de quelle façon, à l'instar des hauts personnages au terme d'une audience, il lui avait simplement «permis de se retirer»; après quoi ce monde avait pu prendre sa course pour s'en aller là où il lui plairait. Pour en arriver là, il a certes fallu l'effronterie d'un barbouilleur d'extravagances de la taille de Hegel. Voilà donc les folles bouffonneries qui, depuis cinquante ans largement amplifiées, remplissent, sous le nom de connaissances procurées par la raison, des centaines de volumes s'intitulant ouvrages de philosophie; et l'on appelle cela, ironiquement pourrait-on croire, de la science, des vues scientifiques; et l'on répète ce mot avec une insistance qui finit par soulever le cœur. La *raison*, impudemment et mensongèrement affublée de cette sagesse, est dite «*faculté du supra-sensible*», ou d'autres fois, «*faculté des idées*», bref une faculté placée en nous, créée expressément pour la *métaphysique* et fonctionnant en guise d'oracle. Il règne toutefois depuis cinquante ans, parmi les adeptes, une grande diversité de vues sur la façon dont elle perçoit toutes ces magnificences et visions suprasensibles. Suivant les plus hardis, elle a une intuition rationnelle immédiate de l'Absolu, ou encore, *ad libitum*, de l'Infini et de ses évolutions vers le Fini. Selon d'autres, plus modestes, c'est plutôt par *audition* que par *vision* qu'elle procède, en ce sens qu'elle ne voit pas précisément, mais qu'elle entend <*vernimmt*>[1] ce qui se passe dans cette «cité des coucous»[2], et qu'elle en transmet la narration fidèle à cette soi-disant raison, laquelle rédige là-dessus des manuels de philosophie. C'est même de ce prétendu «entendre» qu'un calembour de Jacobi fait dériver le nom de la raison <*Vernunft*>, comme s'il n'était pas évident qu'il vient du langage dont elle est la condition, c'est-à-dire dont le nom vient de *vernehmen* (entendre, comprendre) les mots, les entendre par l'intelligence, par opposition à entendre, ouïr, simplement par l'ouïe, faculté que les animaux partagent avec l'homme. Voilà cinquante ans que dure le succès de ce piteux jeu de mots; il a passé pour une pensée sérieuse, pour une preuve même et il a été mille fois répété. – Enfin, les plus modestes de tous disent que la raison ne saurait ni voir, ni entendre, qu'elle ne jouit par conséquent ni du spectacle, ni du récit de ces splendeurs, mais qu'elle en a simplement le pressentiment <*Ahndung*>[3], mais ils éliminent le *d* et ce mot *Ahnung* (soupçon vague) donne à toute cette affaire une teinte de niaiserie qui, grâce à la physionomie hébétée de l'apôtre du moment qui prêche cette sagesse, doit nécessairement la faire accepter.

1. Il s'agit toujours d'une allusion au célèbre argument étymologique rapportant *Vernunft* à *vernehmen* et faisant, sur cette base, de la raison une faculté d'intuition du monde intelligible.
2. Allusion aux *Nuées* d'Aristophane.
3. Cf. notamment FRIES, *Wissen, Glauben, Ahnden*, 1805.

Mes lecteurs savent que je ne prends le mot *idée* que dans son sens originaire, platonicien, que j'ai longuement exposé, principalement dans le troisième livre de mon grand ouvrage[PUF, p. 219 sqq.]. D'autre part, les Français et les Anglais donnent au mot *idée*, *idea*, une signification très commune, mais pourtant bien déterminée et très claire. Les Allemands, en revanche, se sentent pris de vertige quand on leur parle d'idées, surtout si l'on prononce «udée» <*Udähen*>; ils perdent toute pondération et il leur semble s'élever en ballon. Il y avait donc moyen de faire là quelque chose pour nos adeptes de l'intuition qu'aurait la raison; aussi le plus impudent de tous, Hegel, le charlatan bien connu, a-t-il appelé, sans se gêner, son principe du monde, l'*Idée*, – et les voici, en effet, tous convaincus qu'on leur présente là du sérieux. – Mais, si l'on ne se laisse pas hébéter et si l'on demande ce que sont, au juste, ces idées dont la raison serait la faculté, on obtient ordinairement pour explication un jargon ampoulé, creux et confus, conçu en périodes si enchevêtrées et si longues que le lecteur, s'il ne s'est déjà endormi au milieu, se trouve à la fin tout d'étourdi plutôt que dans la condition d'esprit de quelqu'un qui vient de s'instruire, ou, peut-être même, finit-il par se douter qu'on pourrait bien lui parler là de quelque chose qui soit une chimère. Si, toutefois, il demande à connaître ces idées de plus près, alors on lui en sort de toutes les couleurs; ce sont tantôt les thèmes principaux de la scolastique, c'est-à-dire les idées de Dieu, d'une âme immortelle et d'un monde réel et objectivement existant ainsi que de l'ordre qui y règne; malheureusement Kant aussi, à tort et sans justification, je l'ai prouvé dans ma critique de sa philosophie, a appelé ces idées: idées de la raison; il est vrai qu'il ne l'a fait que pour établir qu'elles sont ni démontrables ni théoriquement justifiables; tantôt, pour varier, on ne cite que Dieu, la liberté, l'immortalité; parfois, c'est l'Absolu, qui n'est autre que la preuve cosmologique obligée de voyager *incognito*, ainsi que je l'ai montré au §20; d'autres fois encore, c'est l'Infini, comme opposition au Fini; car c'est surtout à un pareil jargon que le lecteur allemand trouve son plein contentement, sans s'apercevoir qu'en définitive cela ne lui présente rien de bien clair, si ce n'est l'image de «ce qui a une fin» et de «ce qui n'en a pas». «Le Bien, le Vrai et le Beau», voilà encore de ces soi-disant idées très goûtées, surtout par la partie sentimentale et naïve du public, bien que ce ne soient là, comme tant d'autres abstractions, que trois notions très abstraites, d'une très grande extension et par conséquent d'une très pauvre compréhension, par la raison qu'elles ont été formées au moyen d'une infinité d'individus et de rapports. Touchant leur contenu, j'ai montré, au §29 ci-dessus, que la vérité est une propriété qui n'appartient qu'aux jugements, qu'elle est par conséquent une qualité logique; pour les deux autres abstractions en question, je renvoie à ce que j'ai exposé, pour l'une, dans *Le Monde comme volonté et comme représentation* (vol. I, § 65, [PUF, p. 452-462]), pour l'autre, à la totalité du livre III du même ouvrage. Mais lorsque, en parlant de ces trois maigres abstractions, on prend une mine mystérieuse et importante et qu'on lève les sourcils jusque sous la perruque, des jeunes gens peuvent aisément s'imaginer qu'il se cache Dieu sait quoi de merveilleux derrière ces mots, quelque chose de tout à fait à part, d'indicible, qui leur vaut le nom d'idées, et qui est attelé au char triomphal de cette prétendue raison métaphysique.

Quand on nous enseigne donc que nous posséderions une faculté de connaissances immédiates, matérielles (c'est-à-dire une faculté fournissant un contenu et pas simplement une forme), supra-sensibles (c'est-à-dire allant au-delà de toute expérience possible), une faculté établie expressément sur des considérations métaphysiques, possédée à cet usage, et que c'est en elle que consisterait *notre raison*, il me faut avoir l'impolitesse d'appeler cela un pur mensonge. Car un examen sincère de soi-même, des plus faciles à faire, doit convaincre tout homme que nous n'avons absolument pas en nous de faculté de ce genre. De là dérive précisément ce résultat constaté dans le cours des temps, par les recherches des penseurs les plus autorisés, les plus capables, les plus amis de la vérité, à savoir que ce qu'il y a d'inné, c'est-à-dire d'antérieur à toute expérience et d'indépendant de celle-ci dans tout l'ensemble de notre faculté de connaissance, se borne uniquement à la partie *formelle* de la connaissance, c'est-à-dire à la conscience de fonctions propres à l'intellect et du mode de sa seule activité possible ; mais ces fonctions, sans exception, ont besoin de l'étoffe du dehors pour fournir des connaissances matérielles. Nous possédons donc comme formes de l'intuition externe, objective, le temps et l'espace, puis la loi de causalité, comme simple forme de l'entendement, au moyen de laquelle celui-ci construit le monde physique et objectif, enfin aussi la partie formelle de la connaissance abstraite ; cette partie est contenue et exposée dans la logique que nos pères appelaient, à bien juste titre, la *doctrine de la raison*. Mais la logique même nous enseigne que les *concepts* qui composent les jugements et les raisonnements et auxquels se rapportent toutes les lois logiques, ne peuvent tirer leur *matière* et leur *contenu* que de la connaissance *intuitive* ; de même que l'entendement qui *les* crée puise dans la sensation la matière qui doit fournir un contenu à ses formes *a priori*.

Ainsi donc, toute la *partie matérielle* de notre connaissance, c'est-à-dire tout ce qui ne se réfère pas à ce qui est *forme* objective, mode d'activité propre, fonction de l'intellect, toute la *matière* de la connaissance, en un mot vient du dehors ou finalement de l'intuition objective du monde matériel issue de la sensation. C'est cette connaissance intuitive et empirique quant à sa matière que la *raison*, la *véritable* raison transforme en concepts qu'elle fixe sensiblement au moyen des mots et dans lesquels elle trouve ensuite la matière pour opérer, à l'aide des jugements et des raisonnements, ces combinaisons infinies qui forment le tissu de notre monde intellectuel. La *raison* n'a donc aucun contenu *matériel*, mais un contenu purement *formel*; c'est là l'objet de la logique, qui ne se compose que des formes et des règles pour les opérations de la pensée. Ce contenu matériel, la raison, en même temps qu'elle pense, doit absolument le prendre du dehors dans les représentations intuitives que l'entendement a créées. C'est sur celles-ci que s'exercent ces fonctions en formant d'abord des *concepts*, c'est-à-dire en éliminant certains attributs des choses et en conservant d'autres qu'elle rassemble pour en former un concept. Mais si les idées perdent ainsi la faculté d'être intuitionnées, elles y gagnent en clarté générale et en facilité à être maniées; c'est ce que nous avons démontré plus haut. – L'activité de la raison se résume à cela et rien qu'à cela; quant à fournir *la matière par ses propres moyens*, cela lui est à jamais impossible. – Elle ne possède que des formes: comme la femme, elle ne peut que recevoir, elle ne peut créer. Ce n'est pas un hasard si, dans les langues latines comme dans les germaniques, la raison est du genre féminin et l'entendement du genre masculin.

Les locutions suivantes: «la saine raison l'enseigne», «la raison doit réfréner les passions» et autres semblables, ne veulent pas dire du tout que la raison fournit de son propre fonds des connaissances matérielles, mais elles font allusion aux résultats de la réflexion raisonnée, c'est-à-dire aux conclusions logiques tirées des propositions que la connaissance abstraite, s'enrichissant par l'expérience, a accumulées peu à peu et par le moyen desquelles nous pouvons facilement et nettement saisir non seulement ce qui est empiriquement nécessaire, donc ce que l'on peut prévoir le cas échéant, mais encore les motifs et les conséquences de nos propres actions. Toujours et partout, *rationnel* ou *conforme à la raison* est synonyme de *conséquent* ou *logique* et réciproquement; car la logique n'est justement que l'opération naturelle de la raison même, énoncée sous la forme d'un système de règles; ces expressions (rationnel et logique) se rapportent donc l'une à l'autre, comme la pratique se rapporte à la théorie. C'est dans le même sens que l'on comprend par conduite *rationnelle* une conduite entièrement conséquente, c'est-à-dire procédant par concepts généraux et guidée par des idées abstraites, telles que des projets et non pas déterminée par l'impression fugitive du présent: ce qui cependant ne décide rien touchant la moralité de la conduite qui peut aussi bien être bonne que mauvaise. On trouvera des exposés très détaillés sur cette question dans ma *Critique de la philosophie kantienne* (p. 576 sq. [PUF, p. 645 sqq.]) et dans mes *Problèmes fondamentaux de l'éthique* (p. 152 sq. [cf. *Fondement de la morale*, chap. II, § 6]. Enfin, les connaissances de la *raison pure* sont celles qui ont leur origine dans la partie *formelle* de notre faculté de connaissance opérant soit par la pensée, soit par l'intuition; ce sont donc celles que nous connaissons *a priori*, sans le secours de l'expérience; et elles se fondent toujours sur des propositions dont la vérité est transcendantale ou métalogique.

Mais une raison procurant originairement des connaissances matérielles et par ses propres ressources, une raison donnant des enseignements positifs et au-delà toute expérience possible et devant posséder pour cela des *idées innées*, une pareille raison est une pure fiction des professeurs de philosophie et un produit de la terreur que la *Critique de la raison pure* provoque sur eux. – Ces Messieurs ont-ils entendu parler d'un certain *Locke*? l'ont-ils lu? Peut-être l'ont-ils lu une fois par hasard, il y a longtemps, superficiellement, par-ci, par-là, et en jetant sur le grand homme de ces regards témoignant de la conscience qu'ils ont de leur supériorité; ils l'ont lu peut-être, par surcroît, dans une mauvaise traduction allemande payée à la ligne: car je ne vois pas progresser la connaissance des langues modernes dans la proportion dans laquelle – puisse le ciel m'entendre –, on voit diminuer celle des langues anciennes. Mais ils n'ont certes pas eu de temps à consacrer à ces vieilles barbes; où trouve-t-on aujourd'hui une connaissance réelle et approfondie de la philosophie de Kant, si ce n'est, et encore à grand peine, chez quelques rares vieilles têtes? Car la jeunesse de la génération d'aujourd'hui arrivée à l'âge mûr a dû être consacrée aux ouvrages de «Hegel, ce géant de la pensée», du «grand Schleiermacher» et du «pénétrant Herbart». Hélas! trois fois hélas! ce qu'il y a de pernicieux chez ces célébrités universitaires et ces héros des chaires professorales, encensés à grand bruit par tous leurs honorables collègues ainsi que par tous les zélés candidats qui aspirent à le devenir, c'est que l'on fait passer aux yeux de la jeunesse bonne, crédule et encore dépourvue de jugement, des têtes médiocres, de la marchandise de pacotille pour des grands esprits, pour des êtres exceptionnels, pour l'ornement de l'humanité. Les jeunes gens se précipitent alors, avec toute l'ardeur de leur âge, dans l'étude stérile des interminables et insipides productions de ces écrivassiers, gaspillant sans profit le temps si court qui leur a été imparti pour les études supérieures, au lieu de l'employer à s'instruire réellement; cette instruction, ils peuvent la puiser dans les écrits des vrais penseurs, de ces hommes toujours rares, si vraiment exceptionnels parmi leurs semblables, «*rari nantes in gurgite vasto*»[1], qui ne sont apparus au cours des siècles qu'à de longs intervalles parce que la nature n'en crée qu'un de leur espèce; après quoi «elle brise le moule»[2]. La jeune génération actuelle aurait pu avoir aussi sa part des bienfaits de ces génies, si elle n'en avait été frustrée par ces êtres malfaisants entre tous qui préconisent partout ce qui est pernicieux, par les affiliés de la grande confrérie des esprits vulgaires, toujours florissante, que la supériorité humilie et qui a juré une guerre perpétuelle au

1. «Sur le vaste gouffre apparaissent, épars, des hommes qui nagent», VIRGILE, *Énéide*, I, 118.
2. Allusion à l'ARIOSTE, X, 84.

grand et au vrai. Ce sont ces êtres et leurs menées qui ont causé la profonde décadence de l'époque actuelle où la philosophie de Kant – que nos pères ne comprenaient qu'après des années d'une étude sérieuse et avec des efforts d'intelligence –, est devenue étrangère à la génération présente; dans son ignorance, celle-ci est en présence de ces hautes conceptions comme «l'âne en face [du son] de la lyre» et elle se livre, à l'occasion, contre celles-ci à des attaques grossières, maladroites et stupides – comme ces barbares qui lançaient des pierres contre quelque statue grecque d'un dieu qui leur était étranger. Il m'appartient aujourd'hui puisqu'il en va ainsi, de m'adresser à ces défenseurs d'une raison qui connaît, qui perçoit, qui intuitionne, bref qui fournit par ses propres moyens des connaissances matérielles, et de leur recommander de lire comme quelque chose d'entièrement nouveau pour eux dans l'ouvrage de *Locke*, célèbre depuis cent cinquante ans, et tout particulièrement dans le troisième chapitre du livre I, livre expressément consacré à combattre toute connaissance innée, les § 21-26. Bien que *Locke* soit allé trop loin dans sa négation de toute vérité innée, en l'étendant aussi aux connaissances *formelles*, ce en quoi *Kant* l'a lumineusement réfuté plus tard, il a cependant pleinement et incontestablement raison pour toutes les connaissances matérielles, c'est-à-dire celles qui fournissent la matière [de la connaissance].

Je l'ai déjà dit dans mon *Éthique*, mais je dois le répéter – car, comme dit le proverbe espagnol, «il n'est de pire sourd que celui qui ne veut entendre»[1] –: si la *raison* était une faculté faite pour la métaphysique, qui donnerait des connaissances tirées de son propre fonds, et qui fournirait donc des concepts dépassant toute possibilité d'expérience, il devrait nécessairement régner parmi les hommes, dans les questions métaphysiques et religieuses, puisque ce sont les mêmes, le même accord que sur les

1. Cité en espagnol.

questions mathématiques, si bien qu'il faudrait considérer comme n'étant pas dans son bon sens tout individu qui serait d'un autre avis en ces matières. Or, c'est précisément le contraire : rien ne divise plus le genre humain que ces matières. Depuis que les hommes ont commencé à penser, tous les systèmes philosophiques se disputent entre eux et sont parfois diamétralement opposés ; et, depuis que les hommes croient (ce qui remonte à plus loin encore), les religions se combattent mutuellement par le fer et le feu, l'excommunication et le canon. Avec cette différence que, pour les cas individuels d'hétérodoxie, l'on avait affaire non à l'asile d'aliénés mais aux prisons de l'Inquisition avec tous leurs accessoires. En cela aussi, l'expérience témoigne donc hautement et impérieusement contre l'allégation d'une raison qui constituerait une faculté de connaissances immédiates ou métaphysiques ou, pour parler clairement, d'inspirations d'en haut. Il serait véritablement temps de juger et condamner sévèrement une bonne fois un mensonge aussi maladroit et aussi palpable, colporté, *horribile dictu*, depuis cinquante ans par toute l'Allemagne, et transmis chaque année, de la chaire professorale aux bancs de l'école pour remonter ensuite des bancs à la chaire. Il s'est trouvé, même en France, quelques niais pour se laisser mystifier par ce conte qu'ils colportent maintenant en France ; mais le *bon sens* * des Français aura bientôt fait de montrer la porte à la *raison transcendantale* *.

   Mais où ce mensonge a-t-il donc été ourdi, et comment ce conte est-il venu au monde ? — Je dois reconnaître que c'est malheureusement la raison pratique de *Kant* avec son impératif catégorique qui en a fourni le motif immédiat. En effet, cette raison pratique une fois admise, il n'y avait simplement qu'à lui adjoindre, en guise de pendant, une raison théorique, revêtue, comme sa sœur jumelle, d'une souveraineté immédiate, et par suite prophétisant *ex tripode* les vérités métaphysiques. J'ai décrit dans les *Problèmes fondamentaux de l'éthique*

(p. 148 sqq.), auxquels je renvoie le lecteur[1], les brillants effets qui en ont découlé. Tout en accordant, comme je l'ai fait, que c'est *Kant* qui a fourni le motif à cette hypothèse mensongère, je dois néanmoins ajouter que les violons sont vite trouvés quand on aime danser. C'est vraiment comme par une malédiction qui pèse sur la race bipède qu'à la suite d'une affinité élective pour le faux et le mauvais, les hommes préfèrent, même dans les œuvres des grands esprits, les parties les plus défectueuses ou tout bonnement les erreurs ; c'est là ce qu'ils louent et admirent, et ils ne font qu'accepter par-dessus le marché ce qui, dans ces œuvres, est vraiment digne d'admiration. Ce qu'il y a de réellement grand et profond dans la philosophie de Kant n'est connu aujourd'hui que de bien peu de gens : car ses œuvres, en cessant d'être étudiées sérieusement, ont dû cesser d'être comprises. Elles ne sont plus lues, hâtivement et comme faisant partie de l'histoire de la philosophie, que par ceux qui s'imaginent qu'après Kant il y a bien eu encore quelque chose, voire quelque chose de bien mieux ; aussi quand ces gens-là parlent de la philosophie de Kant, on s'aperçoit à l'instant qu'ils n'en connaissent que l'enveloppe extérieure ; ils n'en ont gardé dans leur tête qu'une ébauche grossière ; ils en ont par hasard saisi un mot par-ci, par-là, mais n'en ont jamais pénétré le sens profond et l'esprit. Or, ce qui leur a plu chez Kant, ce sont tout d'abord les antinomies, comme quelque chose d'éminemment bizarre, mais, plus encore, la raison pratique avec son impératif catégorique ; mais ils préfèrent par dessus tout la morale théologique à laquelle la précédente sert de fondement, mais que Kant n'a jamais prise réellement au sérieux, car un dogme théorique qui n'a qu'une autorité exclusivement pratique ressemble à ces fusils en bois que l'on peut mettre sans danger dans les mains des enfants ; cela rappelle aussi le dicton allemand « lave-moi la fourrure, mais ne me la mouille surtout pas ! »

---

1. Cf. *Sur le fondement de la morale*, chap. II, § 6, p. 47 sqq.

En ce qui concerne l'impératif catégorique, Kant ne l'a jamais posé comme un fait; il a protesté, au contraire, à plusieurs reprises contre cette supposition; il n'a présenté cet impératif que comme le résultat d'une très singulière combinaison d'idées, car il avait besoin d'une ancre de salut pour la morale. Mais les professeurs de philosophie n'ont jamais examiné le fond de l'affaire, si bien que, selon toute apparence, personne n'avait avant moi reconnu la vérité sur cette question. Ils se sont empressés, au contraire, d'accréditer l'impératif catégorique comme un fait solidement établi, sous la dénomination puriste de «loi morale», ce qui me fait toujours penser à *Mamzelle Larègle* de Bürger[1]; ils en ont fait quelque chose d'aussi massif que les tables de pierre des lois de Moïse qu'il est appelé à remplacer absolument auprès d'eux. Or, j'ai disséqué dans mon mémoire sur le fondement de la morale cette raison pratique et son impératif et j'ai prouvé qu'elle ne renfermait ni vie ni vérité; je l'ai démontré si clairement et si sûrement que j'aimerais rencontrer celui qui pourrait me réfuter par des arguments fondés et qui pourrait s'aviser décemment de ressusciter l'impératif catégorique. Mais les professeurs de philosophie ne se troublent pas pour une vétille. Ils peuvent aussi peu se passer de leur «loi morale de la raison pratique» qui leur sert de *deus ex machina*, très commode pour fonder leur morale, que de la liberté de la volonté: car ce sont là les deux pièces les plus essentielles de leur philosophie de bonne femme. Peu leur importe que je les aie anéanties toutes les deux: pour eux, elles continuent à exister — comme parfois, pour des raisons politiques, on fait régner encore quelque temps un roi expiré depuis plusieurs jours. Ces vaillants héros emploient vis-à-vis de moi qui ai démoli ces deux vieilles tables leur tactique accoutumée: se taire, ne souffler mot, passer devant en se glissant sans

1. Gottfried August BÜRGER (1747-1794), grande figure de Göttingen, inventeur de la ballade allemande.

bruit, faire semblant d'ignorer ce qui est arrivé pour que le public s'imagine que ce que quelqu'un comme moi peut dire ne mérite pas l'attention : eh ! certainement ; n'est-ce pas du ministère qu'ils tiennent leur vocation philosophique, alors que je ne la tiens, moi, que de la nature. Malgré tout, on finira par s'apercevoir que ces nobles paladins font exactement comme l'autruche, cet oiseau idéaliste qui croit que le chasseur disparaît dès qu'il ferme les yeux. Oui, certes : laissons le temps faire son œuvre : pourvu seulement qu'en attendant, peut-être jusqu'à ce que je sois mort, et qu'on ait eu le loisir d'arranger à sa façon tout ce que j'ai avancé, le public veuille bien s'accommoder du bavardage stérile, du rabâchage d'un ennui à mourir et des systèmes d'absolu et de morale à l'usage des écoles primaires, bâtis selon le bon plaisir de ces messieurs ; plus tard, on verra à prendre des mesures :

> « Que demain le Vrai trouve donc
> Ses armées favorablement disposées
> Pourvu qu'aujourd'hui encore le mal
> Garde place et faveur entière. »
> ([Goethe], *Divan Occidental-oriental*)

Mais aussi ces Messieurs savent-ils à quelle époque nous vivons ? – L'époque depuis longtemps prédite est arrivée : l'Église vacille ; elle vacille si fort que l'on se demande si elle retrouvera son centre de gravité ; car la foi a disparu. La lumière de la révélation, comme toute autre lumière, a pour condition quelque obscurité. Le nombre a considérablement grossi de ceux qu'un certain niveau et un certain horizon de connaissances rendent incapables de croire. C'est ce qu'atteste l'extension générale prise par le rationalisme vulgaire qui étend de plus en plus sa face de bouledogue. Ces profonds mystères du christianisme sur lesquels on a médité et disputé pendant des siècles, il se dispose tout simplement à les mesurer à son aune de boutiquier et croit par là faire des merveilles de sagesse. C'est surtout l'enseignement essentiel du christianisme, le dogme du péché originel, qui est devenu pour les têtes carrées du rationalisme un objet de risée; n'est-il pas évident, disent-ils, que l'existence de chaque homme commençant à sa naissance, il est impossible qu'il vienne au monde déjà entaché de péché? Comme c'est intelligent! – Tout comme les loups commencent à se montrer dans le village quand la misère et l'abandon prennent le dessus, le matérialisme, toujours aux aguets, relève la tête en ces circonstances et s'avance avec son acolyte, le bestialisme que d'aucuns appellent humanisme. – Plus les hommes deviennent incapables de croire, plus s'accroît le besoin d'acquérir des connaissances. A l'échelle du développement intellectuel, il existe un point d'ébullition où toute croyance, toute révélation, toute autorité s'évaporent; où l'homme aspire à voir par lui-même et où il demande qu'on l'instruise, mais qu'on le convainque aussi. Mais, en même temps, son besoin métaphysique (cf. *Le monde comme volonté et comme représentation*, vol. II, chap. XVIII, PUF, p. 851 sqq.]) est tout aussi indestructible que n'importe quel besoin physique. Les aspirations à la philosophie deviennent alors de plus en plus impérieuses, et l'humanité, dans son dénuement, invoque tous les grands penseurs sortis de son sein. Alors le verbiage creux et les efforts impuissants d'eunuques intellectuels ne suffisent pas; il faut une philosophie sérieusement entendue, c'est-à-dire cherchant la vérité et non des appointements et des émoluments; une philosophie, par conséquent, qui ne s'inquiète pas de savoir si elle agrée aux ministres et aux conseillers ou bien si elle s'accorde avec les dogmes débités par tel ou tel parti religieux dominant, mais qui montre que sa mission est tout autre que celle de constituer une ressource pour les pauvres d'esprit.

Mais revenons à notre sujet. Par une amplification qui ne demandait qu'un peu d'audace, on a adjoint à l'oracle *pratique* dont Kant avait à tort doté la raison, un oracle *théorique*. La palme de l'invention doit en revenir à

F. H. Jacobi, et c'est des mains de ce cher homme que les professeurs de philosophie tiennent ce précieux cadeau qu'ils ont accepté avec jubilation et gratitude. Car ce don les a aidés à sortir de la détresse où Kant les avait plongés. La raison froide, sobre et pensante que celui-ci avait critiquée si impitoyablement, fut déchue de son rang pour devenir l'*entendement*, dont elle dut désormais porter aussi le nom ; quant au nom de *raison*, il fut attribué à une faculté entièrement imaginaire, ou pour parler plus clairement, mensongèrement inventée. On se trouvait posséder de la sorte une lucarne, ouvrant, pour ainsi dire, sur le monde supra-lunaire, voire supra-naturel et par laquelle on pouvait faire passer, tout apprêtées et tout arrangées, toutes ces vérités pour la recherche desquelles la raison d'autrefois, la raison à l'ancienne, la raison honnête, douée de réflexion et de prudence avait laborieusement travaillé et vainement discuté pendant de longs siècles. Et c'est sur une semblable faculté chimérique et mensongère que se base depuis cinquante ans la soi-disant philosophie allemande, d'abord comme construction libre et comme projection du moi absolu et de ses émanations vers le non-moi ; puis comme intuition intellectuelle de l'identité absolue ou de l'indifférence et de leurs évolutions vers la nature, ou aussi de Dieu, naissant de son fond <*Grund*> ténébreux ou de son absence de fond <*Ungrund*> (abîme), *à la** Jakob Böhme ; enfin comme idée absolue se pensant soi-même et comme scène où s'exécute le ballet du mouvement propre des idées ; mais en outre toujours comme conception immédiate du divin, du supra-sensible, de la divinité, de la beauté, vérité, bonté et de tout ce que l'on voudra encore de choses en «-té» <*für Heiten*> ou bien seulement une divination <*bloßes Ahnen*> (sans *d*)[1] de toutes ces magnificences. — Eh quoi ! serait-ce là la raison ? Oh non ! ce sont des bouffonneries qui doivent venir au secours des

1. Cf. *supra*, *ahnen* écrit *ahnden*.

professeurs de philosophie que la sérieuse critique de Kant a réduits aux abois, afin qu'ils puissent faire passer, *per fas aut nefas* [qu'ils en aient ou non le droit], les affaires de la religion nationale pour les résultats de la philosophie.

Le premier devoir de la philosophie des professeurs est, en effet, de prouver philosophiquement et de mettre à l'abri du doute le dogme que le Dieu créateur et souverain du monde est un être personnel, donc un individu doué d'entendement et de volonté, qui a fait le monde du néant et qui le dirige avec une sagesse, une puissance et une bonté suprêmes. Mais, par là, les professeurs de philosophie se trouvent dans une position fâcheuse vis-à-vis de la vraie philosophie. *Kant* est venu, en effet, il y a plus de soixante ans ; la *Critique de la raison pure* a été écrite, dont le résultat a été que toutes les preuves avancées depuis le début de l'ère chrétienne pour démontrer l'existence de Dieu et qui se ramènent à trois seules espèces de démonstrations possibles, sont absolument impuissantes à fournir ce que l'on demandait : bien plus, l'impossibilité de toute démonstration de ce genre et en même temps de toute théologie spéculative est établie de façon circonstanciée, *a priori*, et précisément, non comme c'est la mode, de nos jours, à l'aide d'un verbiage creux, d'un galimatias à la Hegel que chacun peut interpréter comme il veut, mais sérieusement et loyalement, à la bonne vieille manière, de façon que depuis soixante ans, si gênante que puisse être la chose pour beaucoup de gens, personne n'a rien pu objecter de grave et que, par suite, les preuves de l'existence de Dieu sont hors d'usage et ont perdu toute autorité. Il est même arrivé, depuis lors, que les professeurs de philosophie prennent à leur égard des airs de hauteur et manifestent pour elles un mépris bien prononcé, donnant ainsi à entendre que l'affaire se comprend tout bonnement de soi-même et qu'il est ridicule de vouloir encore la prouver. Tiens, tiens, tiens ! que ne l'a-t-on su plus tôt ! On ne se serait pas donné tant de peine, pendant tant de siècles, pour établir ces preuves et Kant n'aurait pas eu besoin d'écraser celles-ci de tout le poids de sa *Critique de la raison*. Le mépris dont on vient de parler rappellera à bien des gens le renard et les raisins trop verts. A qui voudrait voir un échantillon de ces façons dédaigneuses, je recommande l'exemple bien caractérisé qu'offrent les *Écrits philosophiques* de Schelling (t.I, 1809, p.152)[1]. – Alors que quelques autres d'entre eux se consolaient à la pensée que Kant avait dit que le contraire était tout aussi impossible à démontrer, comme si le vieux finaud avait ignoré l'adage selon lequel «la charge de la preuve incombe à celui qui affirme» –, voilà que soudain, comme pour sauver de leur détresse les professeurs de philosophie, apparaît la merveilleuse invention de Jacobi, qui met à la disposition des savants allemands de ce siècle une raison tout à fait singulière, dont nul à ce jour n'avait rien entendu ni su.

Et toutes ces ruses n'étaient pourtant aucunement nécessaires. Car l'impossibilité de la démonstration n'attaque aucunement l'existence de Dieu, vu qu'elle est inébranlablement établie sur un terrain bien plus sûr. En effet, n'est-ce pas là une affaire de révélation, et l'on peut d'autant moins la contester que cette révélation a été faite exclusivement à un seul peuple, qui, pour ce motif, a été appelé le peuple élu. Ce qui le prouve, c'est que la connaissance de Dieu, souverain et créateur personnel du monde, qui a tout bien fait, ne se trouve que dans la religion juive et dans les deux religions qui en dérivent, que, dans un sens plus large, on pourrait appeler ses sectes; on ne trouve cette connaissance dans la religion d'aucun autre peuple, de l'antiquité comme des temps modernes. Il ne viendra, en effet, certainement à l'esprit de personne de confondre le Seigneur Dieu avec le *Brahma* des Hindous qui vit et souffre en moi, en toi, dans mon cheval, dans ton chien, ni avec le Brahma qui est né et qui

---

1. Il s'agit de la note à laquelle Schopenhauer a déjà fait allusion au § 7.

meurt pour faire place à d'autres Brahmas et auquel on reproche en outre, comme une faute et comme un péché, d'avoir produit le monde[1], encore moins avec le fils voluptueux de Saturne l'abusé, que Prométhée brave et auquel il prédit sa chute. Mais surtout, si nous tournons nos regards vers le bouddhisme, qui de toutes les religions de la terre compte le plus d'adeptes, qui a donc pour elle la majorité dans le monde et qui peut, à ce titre, être dite la plus importante, nous verrons, à ne plus pouvoir en douter aujourd'hui, que le bouddhisme est aussi positivement et expressément athée qu'il est rigoureusement idéaliste et ascétique, au point que ses prêtres, quand on leur expose le dogme du théisme pur, le repoussent catégoriquement. On lit dans les *Recherches asiatiques* (vol. 6, p. 268) et dans la *Description de l'empire birman* [1833] de Sangermano (p. 81) que le grand prêtre des bouddhistes à Ava, dans un mémoire qu'il remit à un évêque catholique, mettait au nombre des six hérésies condamnables le dogme qui enseigne qu'il existerait un être qui a créé le monde et toutes choses et qui mérite d'être adoré. (Cf. I. J. Schmidt, *Recherches en matière d'histoire de l'ancienne civilisation de l'Asie centrale*, Saint-Pétersbourg, 1824, p. 276). I. J. Schmidt, distingué savant que je tiens pour l'homme le plus versé en matière de bouddhisme en Europe, dit à ce sujet dans son ouvrage *De la parenté des doctrines gnostiques avec le bouddhisme* (p. 9): «Dans les livres bouddhiques, on ne trouve pas aucune mention positive d'un Etre suprême comme principe de la création, et, là même où la question se présente logiquement d'elle-même, ils semblent l'éviter délibérément». Dans l'ouvrage cité plus haut il dit encore,

---

1. «Brahma est constament occupé à créer des mondes... – comment des êtres d'une nature inférieure pourraient-ils obtenir leur tranquillité?» Prabodh, *Chandro Daya*, trad. anglaise de J. Taylor, p. 23. Brahma fait aussi partie de Trimurti qui est la personnification de la nature, comme procréation, conservation et mort. Il représente la procréation.» [Note de Schopenhauer].

p. 180 : « Le système du bouddhisme ne connaît pas d'être divin, éternel, incréé, unique, ayant existé de tout temps et créateur de toutes choses visibles et invisibles. Cette notion lui est entièrement étrangère et on n'en trouve pas la moindre trace dans tous les livres bouddhiques. Il n'y a pas de création non plus ; l'univers visible a bien eu un commencement, mais il s'est formé du vide en vertu de lois naturelles, régulières et immuables. Mais on se tromperait à croire que les bouddhistes admettent ou vénèrent quoi que ce soit, Destin ou Nature, comme principe divin : c'est bien plutôt le contraire, car ce développement du vide, ce précipité qu'il a produit ou ce morcellement infini, bref, cette matière qui vient de naître, c'est le mal qui pèse sur le Jirtinschi ou Univers, dans sa condition interne et externe, et d'où est résulté l'Ortschilang[1] ou changement incessant d'après des lois invariables, fondées en elles-mêmes sur ce mal. » Dans une conférence à l'Académie de Saint-Pétersbourg, le 15 septembre 1830, il disait, p. 26 : « Le mot de création est inconnu au bouddhisme, qui n'admet que des naissances de mondes » et p. 27 : « On doit comprendre qu'avec ce système il ne peut se trouver chez les bouddhistes aucune idée d'une création primitive divine ». Je pourrais citer encore une foule de preuves à l'appui. Il est un point cependant sur lequel je veux encore attirer l'attention parce qu'il est bien connu et, de plus, officiellement avéré. Le troisième volume d'un ouvrage bouddhique très instructif, le *Mavansi, Raja-ratnacari and Raja-vali*, traduit du cingalais, chez E. Upham, Londres, 1833, contient, traduits sur le texte des procès-verbaux hollandais, les interrogatoires officiels que le gouverneur hollandais de Ceylan a fait subir en 1766, séparément et successivement, aux grands prêtres des cinq pagodes les plus considérables. Le contraste entre les interlocuteurs

---

1. L'Ortschilang du bouddhisme chinois est « la mer sauvage du devenir », « le monde versatile ».

qui se comprenaient difficilement est très divertissant. Les prêtres, conformément aux préceptes de leur religion, pénétrés d'amour et de charité pour toute créature vivante, quand bien même il s'agirait de gouverneurs hollandais, s'efforcent, avec la meilleure volonté, de répondre à toutes ses questions. L'athéisme naïf et candide de ces grands-prêtres, pieux, ascètes même, est en conflit avec les convictions intimes du gouverneur, nourri dès le berceau, des principes du judaïsme. La foi du Hollandais est devenue une seconde nature; il ne peut se faire à l'idée que ces religieux ne soient pas théistes; il revient toujours sur la question de l'Etre suprême et leur demande sans cesse quel est donc le créateur du monde, etc. Ceux-ci lui expliquent alors qu'il ne peut y avoir d'être supérieur à Bouddha-Chakya-Mouni, le victorieux et le parfait, qui, fils de roi, a vécu volontairement en mendiant, qui a prêché jusqu'à sa mort sa noble doctrine pour le salut de l'humanité et pour affranchir tous les hommes du mal d'une renaissance perpétuelle; le monde, lui disaient-ils, n'a été fait par personne [1], il s'est créé lui-même (*selfcreated*); la nature le développe pour le diminuer ensuite, mais il est ce qui, tout en existant, n'existe pas; il accompagne nécessairement toute renaissance, mais ces renaissances sont les suites de nos péchés en cette vie, etc. Et la conversation continue ainsi pendant environ cent pages. — Je mentionne tous ces faits principalement parce qu'il est scandaleux de voir comment, aujourd'hui encore, dans les écrits des savants allemands, on identifie constamment, sans plus se gêner, religion et théisme comme s'il s'agissait de synonymes, alors que la religion est au théisme ce que le genre est à une espèce unique et qu'il n'y a que judaïsme et théisme qui soient, en réalité, synonymes: c'est pourquoi aussi nous stigmatisons du

---

1. «Ce monde, dit Héraclite, n'est l'œuvre ni d'un Dieu, ni d'un homme». [Note de Schopenhauer]. Cf. PLUTARQUE, *De animae procreatione*, chap. 5, 1014 a.

nom générique de païens tous les peuples qui ne sont ni juifs, ni chrétiens, ni mahométans. Les mahométans et les juifs reprochent même aux chrétiens de ne pas être des théistes purs à cause du dogme de la Trinité. Car le christianisme, quoi qu'on en dise, a du sang indien dans le corps, et par là, un penchant permanent à se libérer du judaïsme. – Si la *Critique de la raison* de Kant qui est l'attaque la plus sérieuse jamais tentée contre le théisme – raison pour laquelle les professeurs de philosophie se sont hâtés de s'en débarrasser –, avait paru en pays bouddhiste, on n'y aurait rien vu d'autre, d'après ce que nous avons relaté plus haut, qu'un traité édifiant ayant pour but de combattre radicalement leurs hérétiques et de fortifier avec efficacité le dogme orthodoxe de l'idéalisme, c'est-à-dire le dogme de l'existence purement apparente du monde qui s'offre à nos sens. Tout aussi athées que le bouddhisme sont les deux autres religions professées dans l'État voisin, la Chine, à savoir celles de Lao-Tseu et celle de Confucius : aussi les missionnaires n'ont pas pu traduire en chinois le premier verset du Pentateuque, vu que cette langue ne possède pas de termes pour exprimer l'idée de Dieu et celle de création. Le missionnaire Gützlaff dans son *Histoire de l'Empire chinois* qui vient de paraître [1847], est même assez honnête pour le dire (p. 18) : « Il est extraordinaire qu'aucun des philosophes (chinois) qui possèdent pourtant toutes les lumières naturelles, ne se soit pas élevé jusqu'à la connaissance d'un créateur et maître de l'univers. » A l'appui de cette affirmation viennent encore les lignes suivantes, citées par J. F. Davis (*Les chinois* [1836], chap. xv, p. 156) et écrites par Milne, le traducteur du Shing-yu, dans l'avant-propos de sa traduction ; il dit qu'il résulte de cet ouvrage « que la simple lumière naturelle, comme on l'appelle, est absolument incapable, même aidée de toutes la lumière de la philosophie païenne, de mener les hommes à la connaissance et à l'adoration du vrai dieu ». Tout ce que nous avons rapporté confirme que l'unique fondement du théisme est la révélation, ainsi que cela doit être, en effet, sinon la révélation serait superflue. Remarquons, à cette occasion, que le mot athéisme contient une subreption, puisqu'il admet par avance le théisme comme une chose qui s'entend de soi. Au lieu d'athéisme, il faudrait dire a-judaïsme et au lieu d'a-thée dire a-juif; ce serait là parler honnêtement.

Ainsi donc, puisque, comme nous l'avons dit plus haut, l'existence de Dieu est une affaire de révélation et qu'elle est par là même inébranlablement établie, elle peut se passer d'une confirmation humaine. Or, la philosophie n'est que l'essai, en réalité superflu et oiseux, pour abandonner à ses seules forces propres la raison humaine en tant que faculté de penser, de méditer, de réfléchir – à peu près comme on enlève à un enfant ses lisières sur un parterre de gazon, afin qu'il essaie ses forces –, pour voir ce qui en résultera. Ces essais et ces tentatives sont ce que l'on appelle la spéculation; et il appartient à son essence de faire abstraction de toute autorité, divine ou humaine, de n'en tenir aucun compte et de marcher par ses propres voies et à sa façon à la recherche des vérités les plus élevées et les plus importantes. Si maintenant, sur ce terrain, le résultat n'est autre que celui auquel notre grand Kant a abouti et que nous avons rapporté ci-dessus, elle ne doit pas, renonçant à toute probité, et à toute conscience, prendre, comme un filou, des voies détournées pour se replacer, par n'importe quel stratagème, sur le terrain judaïque comme sa *conditio sine qua non*; elle doit au contraire, franchement et simplement, se mettre à la poursuite de la vérité par d'autres routes qu'elle pourrait trouver s'ouvrant devant elle; il est de son devoir de ne jamais avoir d'autre guide que les lumières de la raison et de toujours aller de l'avant, sans s'inquiéter du terme auquel elle arrivera et avec l'assurance et le calme de celui qui accomplit son devoir.

Mais nos professeurs de philosophie comprennent la chose autrement et s'imaginent ne pas pouvoir manger honorablement leur pain tant qu'ils n'auront pas replacé le Seigneur Dieu sur son trône (comme s'il avait besoin de leur aide); on peut se rendre compte, rien qu'à cela déjà, pourquoi ils n'ont pu goûter mes travaux et pourquoi je ne suis absolument pas leur homme; car, effectivement, je ne saurais leur rendre aucun service et je ne suis pas en mesure, comme eux, de donner, tous les ans, à chaque foire, les nouvelles les plus récentes du bon Dieu.

DE LA TROISIÈME CLASSE D'OBJETS POUR LE SUJET ET DE LA FORME DU PRINCIPE DE RAISON SUFFISANTE QUI Y RÈGNE

§ 35
EXPLICATION DE CETTE CLASSE D'OBJETS

La troisième classe d'objets pour la faculté de représentation est constituée par la partie formelle des représentations complètes, à savoir les intuitions données *a priori* des formes des sens externe et interne, de l'espace et du temps.

En qualité d'intuitions pures, elles sont des objets de la faculté de représentation, en elles-mêmes et indépendamment des représentations complètes et des déterminations de plein et de vide que ces représentations seules y ajoutent, étant donné que même des lignes et des points purs ne peuvent être représentés [empiriquement], mais ne peuvent être intuitionnés qu'*a priori*, de même que l'extension infinie et la divisibilité à l'infini de l'espace et du temps ne peuvent être que des objets de l'intuition pure et sont complètement étrangers à l'intuition empirique. Ce qui distingue cette classe de représentations où le temps et l'espace sont *objets d'intuition pure* de la première classe où ils sont *perçus* [empiriquement] (et toujours conjointement), c'est la matière que j'ai définie, pour cette raison, d'une part, comme étant le temps et l'espace rendus perceptibles et, d'autre part comme étant la causalité objectivée.

A l'opposé, la forme de la causalité propre à l'entendement ne peut faire l'objet, en soi et séparément, de la faculté de représentation; nous n'arrivons à la connaître qu'avec la partie matérielle de la connaissance.

§ 36
PRINCIPE DE RAISON D'ÊTRE

L'espace et le temps ont pour propriété d'avoir toutes leurs parties dans un rapport réciproque, chacune d'elles étant déterminée et conditionnée par une autre. Dans l'espace, ce rapport s'appelle *position*, et dans le temps, *succession*. Ces rapports sont d'une nature spéciale, entièrement différente de tous les autres rapports possibles de nos représentations; aussi l'entendement ne peut-il les concevoir, mais exclusivement l'intuition: car ce qui est en haut ou en bas, à droite ou à gauche, devant ou derrière, avant ou après, l'entendement est absolument impuissant à le comprendre. Kant dit avec raison, à l'appui de ces faits, que la différence entre le gant gauche et le gant droit ne peut se comprendre qu'intuitivement. Or, la loi suivant laquelle les parties de l'espace et du temps se déterminent réciproquement pour former ces rapports, je l'appelle le *principe de raison suffisante de l'être, principium rationis sufficientis essendi*. Un exemple en a déjà été fourni au § 15 avec le rapport entre les côtés et les angles d'un triangle, où il a été montré qu'il diffère aussi radicalement du rapport de cause à effet que de celui entre principe de connaissance et conséquence; c'est pourquoi la condition, dans ce cas, peut être appelée la raison d'être, *ratio essendi*. Il est évident que la connaissance de cette *raison d'être* peut servir de principe de connaissance, de la même manière que la connaissance de la loi de causalité et de son application dans un cas déterminé sert de principe pour la connaissance de l'effet: mais cela ne supprime en rien la différence complète qui existe entre la raison d'être, la raison du devenir et la raison du connaître. Dans bien des cas, ce qui est *conséquence*, sous un certain aspect de notre principe, sera, sous tel autre, *raison*; c'est ainsi que très souvent l'*effet* est le principe de connaissance de la *cause*. Par exemple, l'ascension du mercure dans le thermomètre est, d'après la loi de causalité, un *effet* de l'élévation de la température; alors que, d'après le principe de raison de la connaissance, elle est un *principe*, le principe qui fait connaître l'élévation de la température, comme aussi le principe du jugement énonçant cette vérité.

§ 37

RAISON D'ÊTRE DANS L'ESPACE

Dans l'espace, la position de chaque partie, disons d'une ligne (la même chose vaut des surfaces, des corps, des points) par rapport à une autre ligne, détermine en même temps totalement sa position, toute différente de la première, par rapport à toute autre ligne possible, de telle sorte que cette dernière position est en relation de conséquence à principe avec la première. La position de cette ligne par rapport à une ligne quelconque déterminant également sa position par rapport à toutes les autres lignes, par conséquent aussi à celle qu'on a d'abord prise comme déterminée, il est indifférent de savoir quelle est celle de toutes ces positions que l'on considère comme déterminée ou comme déterminant les autres, c'est-à-dire comme *ratio*, les autres étant considérées comme *rationatum*. Cela vient de ce qu'il n'y a pas de succession dans l'espace, puisque c'est précisément de l'union de l'espace avec le temps en vue de la représentation complète de l'expérience que naît la représentation de simultanéité. Dans la raison d'être de l'espace, il y a donc constamment quelque chose d'analogue à l'action réciproque : on verra cela de façon plus détaillée lors de l'étude de la réciprocation des raisons au § 48. Puisque chaque ligne relativement à sa position est aussi bien déterminée par toutes les autres qu'elle les détermine à son tour, c'est arbitrairement qu'on considérera une ligne seulement comme déterminant la position des autres lignes et non comme déterminée elle-même ; et la position de chaque ligne par rapport à la seconde permet de rechercher sa position par rapport à une troisième ligne ; cette seconde position fait alors que la première est nécessairement telle qu'elle est. Ainsi, dans l'enchaînement des raisons d'être comme dans celui des raisons du devenir, ne peut-on plus trouver de terme *a parte ante* [en amont], ni non plus, à cause de l'infinité de l'espace et de celle des lignes qu'il peut contenir, de terme *a parte post* [en aval]. Tous les espaces relatifs possibles sont des figures, car ils sont limités et toutes les figures trouvent leur raison d'être l'une dans l'autre à cause de leurs limites communes. La *series rationum essendi* [la série des raisons d'être] dans l'espace aussi bien que la *series rationum fiendi* la série des raisons du devenir] vont donc *in infinitum* ; seulement celle-ci ne va que dans une seule direction, tandis que la première va dans toutes les directions.

Une preuve de tout ceci est impossible à fournir ; il s'agit, en effet, de principes dont la vérité est transcendantale, vu qu'elle repose directement sur l'intuition donnée *a priori* de l'espace.

§ 38

RAISON D'ÊTRE DANS LE TEMPS. ARITHMÉTIQUE

Dans le temps, chaque instant a pour condition le précédent. La simplicité de la raison d'être, en tant que loi de succession, vient ici de ce que le temps n'a qu'une seule dimension et ne peut donc fournir aucune diversité dans ses relations. Chaque instant est conditionné par le précédent; ce n'est que par celui-ci qu'on peut parvenir à l'autre; ce n'est qu'en tant que l'instant précédent *a été* et qu'il s'est *écoulé* que l'instant présent *est*. C'est sur cette connexion des parties du temps que repose toute numération, et les mots qu'elle emploie ne servent qu'à marquer les différentes étapes de la succession; c'est là également la base de toute l'arithmétique qui n'enseigne absolument rien d'autre que des méthodes abrégées de numération. Tout nombre présuppose comme ses raisons d'être les nombres qui le précèdent: je ne puis parvenir au nombre dix que par tous les nombres qui le précèdent et ce n'est qu'en connaissant la raison d'être que je sais que, là où il y a dix, il y a aussi huit, six, quatre.

§ 39

GÉOMÉTRIE

Toute la géométrie repose de même sur la connexion des positions des parties de l'espace. Elle devrait donc consister dans la connaissance de cet enchaînement; mais comme cette connaissance n'est possible, on l'a dit plus haut, que par l'intuition et non par l'entendement, toute proposition géométrique devrait être ramenée à l'intuition et la démonstration consisterait à faire bien clairement ressortir l'enchaînement qu'il s'agit d'intuitionner; on ne pourrait rien au-delà. Nous trouvons cependant qu'il en va tout autrement en géométrie. On n'y fonde sur l'intuition que les seuls douze axiomes d'Euclide et les neuvième, onzième et douzième sont même les seuls à reposer véritablement sur des intuitions séparées et distinctes : tous les autres procèdent de cette idée qu'on n'a pas affaire dans les sciences, comme c'est le cas dans l'expérience, à des objets réels qui existent les uns à côté des autres et qui peuvent varier à l'infini, mais à des concepts et, en mathématiques, à des *intuitions normatives*, c'est-à-dire à des figures et à des nombres qui font loi pour toute l'expérience et qui, par conséquent, unissent l'extension de l'idée générale à la certitude absolue de la représentation individuelle. Car, bien qu'à titre de représentations réelles, elles soient toujours entièrement déterminées et qu'elles ne laissent *de cette façon* aucune place à la généralité par quelque chose qui en resterait encore indéterminé, elles n'en sont pas moins générales parce qu'elles sont les simples formes de tous les phénomènes et elles valent, à ce titre, de tous les objets réels auxquels ces formes conviennent. Aussi pourrait-on dire de ces intuitions normatives, même en géométrie, autant que des concepts, ce que Platon dit de ses Idées, à savoir qu'il n'en peut exister deux qui soient identiques, car elles n'en formeraient qu'une [1]. Ceci, dis-je, s'appliquerait aussi aux intuitions normatives en géométrie, si, à titre d'objet existant seulement *dans l'espace*, la simple *juxtaposition*, c'est-à-dire le *lieu* ne les distinguait. Cette observation a déjà été faite, selon Aristote, par Platon lui-même : « De plus, outre les choses sensibles et les Idées, Platon admet qu'il existe les Choses mathématiques, qui

---

1. Les Idées platoniciennes pourraient être définies comme les intuitions normatives de l'intelligence qui ne vaudraient pas seulement, comme les mathématiques, de la partie formelle, mais encore de la partie matérielle des représentations complètes : elles seraient donc des représentations complètes qui, à ce titre, seraient absolument déterminées et qui cependant comme les concepts, comprendraient, en même temps, beaucoup d'objets : ce qui veut dire, suivant l'explication que je donne au § 29, qu'elles seraient des représentants des concepts auxquels cependant elles seraient pleinement adéquates. [Note de Schopenhauer]

sont des réalités intermédiaires, différentes, d'une part, des objets sensibles, en ce qu'elles sont éternelles et immobiles, et, d'autre part, des Idées, en ce qu'elles sont une pluralité d'exemplaires semblables, tandis que l'Idée est en elle-même une réalité une, individuelle et singulière» (*Métaphysique*, I,6 [987 b 14], à rapprocher de X,1). Or le simple fait de saisir que cette différence de lieu n'enlève rien à l'identité du reste me semble pouvoir remplacer les neuf autres axiomes et être plus conforme à l'essence de la science dont le but est la connaissance du particulier par celle du général, que l'exposé de neuf axiomes différents qui reposent sur cette unique vue. Cela étant, on peut appliquer aux figures de la géométrie ce qu'Aristote en dit, *Métaphysique* (X,3 [1054 b 3]): «il y a bien pluralité d'objets, mais, dans ces cas, l'égalité est unité».

Mais pour les intuitions normatives dans le temps, pour les nombres, cette différence même de la juxtaposition n'existe pas ; il y a entre elles, comme entre les concepts, l'*identitas indiscernabilium* ; il n'existe qu'un cinq et qu'un sept. On pourrait trouver ici un argument pour démontrer que « 7 + 5 = 12 » n'est pas, comme le croit Herder dans sa *Métacritique* [1799], une proposition identique, mais comme Kant l'a découvert de façon si pénétrante, une proposition synthétique *a priori* reposant sur l'intuition pure. « 12 = 12 », voilà une proposition identique.

On ne fait donc appel, à proprement parler, à l'intuition en géométrie que dans le cas des axiomes. Tous les autres théorèmes sont démontrés, c'est-à-dire qu'on donne un principe qui fait connaître le théorème et qui contraint à le tenir pour vrai. On fonde donc le jugement logiquement et non pas transcendantalement (cf. §30 et 32). Ce fondement qui est la raison d'être, et non celle de la connaissance, n'est jamais évident que par le moyen d'une intuition. De là vient qu'après la démonstration géométrique, on est bien convaincu de la vérité de la proposition démontrée, mais que l'on ne sait pas du tout pourquoi ce qu'elle affirme est tel. C'est-à-dire qu'on n'a pas compris sa raison d'être, mais, d'ordinaire, c'est à ce moment seulement que naît le désir de la connaître. Car la preuve consistant à indiquer la raison de la connaissance ne produit que la conviction (*convictio*), non la compréhension (*cognitio*); par suite, il serait peut-être plus juste de l'appeler *elenchus* [réfutation] que *demonstratio*. De là vient qu'elle laisse ordinairement après elle un sentiment désagréable, pareil à celui que donne toujours la conscience d'un défaut de compréhension et, ici, l'on ne commence à sentir qu'on ignore pourquoi une chose est telle qu'au moment où l'on acquiert la conviction qu'elle est vraiment telle. Ce sentiment est semblable à celui que nous éprouvons quand un escamoteur fait passer quelque chose dans notre poche ou l'en fait sortir sans que nous voyions comment il s'y prend. La démonstration donnant le principe de connaissance sans la raison d'être est analogue, encore, à certaines propositions de la physique qui exposent le phénomène sans pouvoir en donner la raison, comme par exemple l'expérience de Leidenfrost. Par contre, la connaissance de la raison d'être d'une proposition géométrique par l'intuition procure une satisfaction comme toute acquisition de connaissance. Si l'on a compris une fois cette raison d'être, alors notre certitude de la vérité de la proposition ne se fonde plus que sur elle, et tout au plus sur la raison de connaissance établie par la démonstration. Prenons par exemple la sixième proposition du livre I d'Euclide: si dans un triangle deux angles sont égaux, les côtés opposés sont aussi égaux. Euclide le démontre ainsi: soit le triangle ABG dans lequel l'angle ABG est égal à l'angle AGB, j'affirme que le côté AG sera aussi égal au côté AB. Car si le côté AG n'est pas égal au côté AB, l'un des deux sera plus grand. Supposons AB plus grand. Portons sur AB qui est plus grand une longueur DB égale au côté le plus petit AG et tirons DG. Puisque maintenant (dans les triangles DBG, ABG) DB est égal à AG et que BG est commun, nous aurons les deux côtés DB et BG égaux aux deux côtés AG et GB, chacun pris séparément: l'angle DBG est égal à l'angle AGB et la base DG est égale à la base AB; le triangle ABG sera donc égal au triangle DBG, c'est-à-dire le plus grand au plus petit, ce qui est absurde. Donc AB n'est pas inégal à AG, donc il lui est égal.

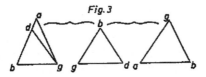

Fig. 3

Nous trouvons dans cette démonstration un principe de connaissance de la vérité de ce théorème. Mais qui fondera sur cette démonstration sa conviction de cette vérité géométrique? Qui ne la fondera pas plutôt sur cette raison d'être connue intuitivement (par une nécessité qui ne peut à son tour être démontrée mais qui est seulement vue dans l'intuition) que lorsque des deux extrémités d'une ligne deux autres lignes s'inclinent également l'une vers l'autre, elles ne peuvent se rencontrer qu'en un point également distant de ces deux extrémités, parce que les deux angles qui en résultent ne sont en réalité qu'un seul angle qui paraît dédoublé seulement à cause de la position opposée: d'où résulte qu'il n'y a pas de raison pour que les deux lignes se coupent en un point plus rapproché de l'une des extrémités que de l'autre.

La connaissance de la raison d'être fait voir comment le conditionné découle nécessairement de sa condition: ici, elle montre l'égalité des côtés résultant de l'égalité des angles, leur liaison, alors que le principe de la connaissance ne donne à voir que leur coexistence. On pourrait même soutenir que la méthode habituelle de démonstration donne seulement la conviction que l'égalité des angles et celle des côtés coexistent dans la figure présente, tracée pour l'exemple, mais aucunement qu'elles coexistent toujours: on peut soutenir que la conviction de cette vérité (la relation nécessaire n'étant pas montrée) repose sur une simple induction qui se fonde sur ce qu'il en va ainsi pour chaque figure que l'on trace. Sans doute n'est-ce que pour des propositions aussi simples que la 6e proposition d'Euclide que la raison d'être est aussi évidente. Je suis sûr, pourtant, qu'elle pourrait être montrée de chaque théorème, fût-ce du plus complexe et que l'on doit ramener la certitude de la proposition à une intuition simple de ce genre. En outre, chacun a conscience *a priori* de la nécessité d'une telle raison d'être pour tout rapport dans l'espace, autant que de la nécessité d'une cause pour tout changement. Sans doute, pour les théorèmes complexes, cette raison sera-t-elle très difficile à exposer et n'est-ce pas ici le lieu pour se livrer à de difficiles recherches géométriques. Je veux donc tenter, pour rendre plus claire ma pensée, de ramener à sa raison d'être un théorème pas trop complexe, mais dont la raison n'est quand même pas immédiatement évidente. Je laisse de côté dix théorèmes et j'arrive au seizième: «Dans tout triangle dont on prolonge l'un des côtés, l'angle extérieur est plus grand que chacun des deux angles intérieurs opposés». Euclide le démontre ainsi (v. figure 4).

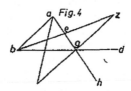

Soit le triangle ABG, prolongeons le côté BG vers D. J'affirme que l'angle extérieur AGD est plus grand que chacun des deux angles intérieurs opposés. — Partageons le côté AG en deux parties égales en E; menons BE que nous prolongeons jusqu'en Z et faisons EZ = EB, joignons ZG et prolongeons AG jusqu'en H. — Puisque AE = EG et BE = EZ, les deux côtés AE et EB sont égaux aux deux

côtés GE et EZ, chacun pris séparément et l'angle AEB
sera égal à l'angle ZEG, car il lui est opposé par le
sommet. Donc la base AB égale la base ZG, le triangle
ABE est égal au triangle ZEG et les angles restants aux
autres angles restants. Par conséquent aussi l'angle BAE
égale l'angle EGZ. Or l'angle EGD est plus grand que
EGZ, donc l'angle AGD est aussi plus grand que l'angle
BAE. – Si l'on divise maintenant aussi BG en deux parties
égales, on prouvera de manière semblable que l'angle
BGH ou, ce qui revient au même son opposé au sommet
AGD, est plus grand que ABG.

Je prouverais ce théorème de la façon suivante
(v. figure 5).

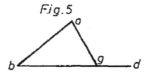

Fig. 5

Pour que l'angle BAG soit égal à l'angle AGD, à plus
forte raison pour qu'il soit plus grand que lui, il faudrait
(car c'est justement ce qu'on appelle l'égalité des angles)
que la ligne BA s'incline vers la ligne GA dans la même
direction que BD, c'est-à-dire qu'elle soit parallèle à BD,
c'est-à-dire que les lignes BA et BD ne se rencontrent
jamais; mais, pour former un triangle la ligne BA doit
(raison d'être) rencontrer BD, donc faire l'opposé de ce
qu'il faudrait pour que l'angle BAG soit au moins égal à
l'angle AGD.

Pour que l'angle ABG soit au moins égal à l'angle
AGD, à plus forte raison pour qu'il soit plus grand que lui,
il faudrait (car c'est justement ce qu'on appelle l'égalité
des angles) que la ligne BA s'incline sur la ligne BD dans
la même direction que AG, c'est-à-dire qu'elle soit
parallèle à AG, qu'elle ne coupe jamais AG; mais pour
former le triangle, elle doit couper AG, par conséquent

faire l'opposé de ce qu'il faudrait pour que l'angle ABG soit au moins égal à l'angle AGD.

Je n'ai nullement entendu proposer ainsi une méthode nouvelle de démonstration en mathématiques, pas plus que je n'ai voulu substituer ma démonstration à celle d'Euclide; elle y serait déplacée, de par sa nature, et aussi parce qu'elle présuppose la théorie des parallèles qui, chez Euclide, ne vient qu'après. J'ai seulement voulu montrer ce que c'est que la raison d'être et en quoi elle est différente de la raison de la connaissance qui ne produit que la *convictio*, ce qui est tout autre chose que la connaissance de la raison d'être. Le fait qu'on ne cherche en géométrie qu'à produire la *convictio*, ce qui, comme on l'a dit, provoque une impression désagréable, et non pas la connaissance de la raison d'être qui, comme le fait toute connaissance, satisfait et réjouit. Ceci, joint à d'autres raisons, pourrait expliquer pourquoi maints esprits, excellents du reste, éprouvent de l'aversion pour les mathématiques.

Je ne puis m'empêcher de placer encore une fois ici une figure que j'ai donnée ailleurs (figure 6) et dont la seule vue, sans aucun commentaire, procure une conviction de la vérité du théorème de Pythagore cent fois plus forte que la démonstration d'Euclide qui vous attrape comme le fait une souricière. Le lecteur intéressé par le contenu de ce chapitre le trouvera plus amplement développé dans *Le Monde comme volonté et comme représentation* (vol. I, § 15 [PUF, p. 106-122] et vol. II, chap. XIII [PUF, p. 816-818].

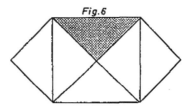

Fig.6

DE LA QUATRIÈME CLASSE D'OBJETS POUR LE SUJET ET DE LA FORME DU PRINCIPE DE RAISON SUFFISANTE QUI Y RÈGNE

§ 40
EXPLICATION GÉNÉRALE

La dernière classe d'objets pour la faculté de représentation qui nous reste à considérer est d'une nature toute spéciale, mais très importante : elle ne comporte, pour chacun, qu'*un seul* objet ; c'est l'objet immédiat du sens interne, le *sujet de la volition* qui est objet pour le sujet connaissant et qui n'est d'ailleurs donné qu'au sens interne ; pour cette raison, il n'apparaît pas dans l'espace, mais seulement dans le temps, et là même, nous le verrons, avec une restriction d'importance.

§ 41
SUJET DE LA CONNAISSANCE ET OBJET

Toute connaissance suppose forcément un sujet et un objet. C'est pourquoi même la conscience de soi n'est pas absolument simple ; elle se divise, comme celle du monde extérieur (c'est-à-dire de la faculté d'intuition), en quelque chose qui connaît et quelque chose qui est connu. Ici, ce qui est connu se présente entièrement et exclusivement comme volonté.

Le sujet ne *se connaît*, par conséquent, que comme *sujet voulant*, mais pas comme *sujet connaissant*. Car le moi qui se représente, le sujet de la connaissance ne peut jamais devenir lui-même représentation ou objet, parce que, comme corrélat nécessaire de toutes les représentations, il est leur condition même ; c'est à lui que s'appliquent les belles paroles du livre sacré des Upanishads : «Il ne peut être vu : il voit tout ; il ne peut être entendu : il entend tout ; il ne peut être su : il sait tout ; il ne peut être connu : il connaît tout. En dehors de cet être qui voit, qui sait, qui entend et qui connaît, il n'existe aucun autre être» (*Oupnekhat*, vol.I, p. 202)[1].

C'est pourquoi il n'existe pas de *connaissance de la connaissance*, car il faudrait pour cela que le sujet se distingue de la connaissance et puisse quand même connaître la connaissance, ce qui est impossible.

A l'objection : «non seulement je connais ; mais je sais aussi que je connais», je répondrais que ces deux expressions «je sais que je connais» et «je connais» ne diffèrent que dans les mots. «Je sais que je connais» signifie la même chose que «je connais» sans détermination plus précise, ne dit rien d'autre que «moi». Si votre connaissance et le savoir que vous en avez sont deux choses distinctes, essayez donc une fois de les avoir chacune séparément, c'est-à-dire de connaître à un certain moment sans en avoir conscience, puis une autre fois de savoir que vous connaissez sans que ce «savoir» soit en même temps le «connaître». On peut bien faire abstraction de toute connaissance *particulière* et arriver ainsi à la proposition «je connais» qui est la dernière abstraction

---

1. Il s'agit d'une version persane des *Upanishads* traduites en latin par Abraham Hyacinthe Anquetil-Duperron : *Oupnekhat, id est secretum tegendum*, 2 vol., 1801.

dont nous soyons capables; mais cette proposition est identique avec celle-ci: «il existe des objets pour moi» et cette dernière est identique avec cette autre: «je suis sujet» qui ne renferme autre chose que le simple «moi».

Mais on pourrait encore demander comment il se fait, u moment que le sujet ne se connaît pas, qu'il connaisse es différentes facultés de connaissance, sensibilité, ntendement, raison. – Elles ne nous sont pas connues par e fait que la connaissance est devenue un objet pour ious; il n'y aurait pas, autrement, à leur égard tant ľopinions contradictoires; elles sont bien plutôt inférées, u plus exactement: ce sont des expressions générales pour désigner les différentes classes de représentations que nous avons énumérées, classes que, de tout temps, on a distinguées dans ces facultés de connaissance, plus ou moins précisément. Mais en ce qui concerne le sujet, ce corrélat nécessaire, condition des représentations, elles sont abstraites des représentations, elles ont donc exactement le même rapport aux classes de représentations que le sujet en général à l'objet en général. De même qu'avec le sujet, l'objet se trouve aussitôt posé (car sans cela le mot même n'a plus de signification) et réciproquement, l'objet avec le sujet; et de même qu'être sujet signifie donc exactement la même chose qu'avoir un objet, et être objet, la même chose qu'être connu par un sujet; exactement de même, dès qu'un objet est *déterminé de quelque façon que ce soit*, le sujet est posé comme *connaissant exactement de la même manière*. Il revient donc au même de dire que les objets ont telles ou telles propriétés inhérentes particulières, ou que le sujet connaît de telle ou telle manière; il revient au même de dire que les objets doivent être rangés dans telles classes, ou que le sujet a telles facultés distinctes de connaissance. On découvre aussi la trace de ces considérations dans Aristote, mélange surprenant de profondeur et de légèreté d'esprit; on trouve même dans ses écrits le germe d'une philosophie critique. Il dit dans le *De anima* (III, 8 [431 b

21]) que «l'âme est, en un sens, les êtres mêmes»; plus loin, il ajoute que «l'intellect est forme des formes, et le sens, forme des sensibles»[432 a 2]. Il revient au même de dire: «sensibilité et entendement n'existent plus» ou: «le monde n'existe plus», «il n'y a plus de concepts ou «la raison a disparu et il ne reste plus que des animaux».

C'est la méconnaissance de ce rapport qui a motivé la querelle du réalisme et de l'idéalisme; elle s'est finalement présentée comme querelle entre l'ancien dogmatisme et les adeptes de Kant, ou bien entre l'Ontologie et la Métaphysique d'une part et l'Esthétique et la Logique transcendantales d'autre part; cette dernière querelle est née de la méconnaissance de ce rapport dans l'étude de la première et de la troisième classe de représentations que j'ai établies, de même que la querelle des Réalistes et des Nominalistes, au moyen âge, est née de ce qu'ils l'ont méconnue à l'égard de notre seconde classe de représentations.

§ 42
SUJET DE LA VOLITION

D'après ce qui précède, le sujet connaissant ne peut donc jamais être connu, être objet ou représentation. Toutefois, comme nous n'avons pas seulement une connaissance du monde extérieur (par l'intuition sensible), mais une connaissance intime de nous-mêmes et qu'il est de l'essence de toute connaissance de supposer un objet connu et un sujet connaissant, ce que nous connaissons en nous comme objet de connaissance, ce n'est donc pas le sujet connaissant, mais le sujet voulant, le sujet de la volition, la volonté. En partant de la connaissance, on peut dire que la proposition «je connais» est une proposition analytique. En revanche, «je veux» est une proposition synthétique, précisément: *a posteriori* donnée par l'expérience, ici l'expérience interne (c'est-à-dire seulement dans le temps). C'est en ce sens que le sujet de la volonté pourrait être pour nous un objet. Quand nous regardons en nous, nous nous trouvons toujours *voulant*. Mais la volonté a un grand nombre de degrés, allant du plus faible désir jusqu'à la passion; et j'ai souvent expliqué, entre autres dans les *Problèmes fondamentaux de l'éthique* (p. 11) et ailleurs encore, que non seulement toutes les émotions, mais aussi tous les mouvements intérieurs qui sont compris dans le concept large de sentiment sont des états de la volonté.

Mais l'identité du sujet de la volition avec le sujet connaissant qui fait (nécessairement même) que le mot «moi»* les renferme et les désigne tous les deux (nécessairement), constitue le nœud de l'univers et elle est, en conséquence, inintelligible. Seuls les rapports entre les objets, en effet, nous sont compréhensibles; et deux objets ne peuvent en former un seul que s'ils sont des parties d'un tout. Mais ici, où il s'agit du sujet, les règles de la connaissance des objets ne sont plus valables et une identité réelle de ce qui connaît avec ce qui est connu comme voulant, c'est-à-dire du sujet avec l'objet, est *directement donnée*. Qui se représentera à quel point cette identité est inexplicable sera d'accord avec moi pour l'appeler le miracle *par excellence* *.

De même que l'entendement correspond dans le sujet à la première classe de représentations, la raison à la seconde et la sensibilité pure à la troisième, nous trouvons maintenant pour cette quatrième classe le sens interne ou, de façon générale, la conscience de soi.

§ 43
LA VOLITION. LOI DE LA MOTIVATION

C'est justement parce le sujet de la volition est connu immédiatement par la conscience, qu'on ne peut plus définir ou décrire davantage ce qu'est la volition : elle est la plus immédiate de toutes nos connaissances, et même celle dont l'immédiateté doit finalement jeter du jour sur toutes les autres, très médiates.

Chaque fois que nous percevons une décision, chez les autres comme pour nous, nous nous jugeons autorisés à demander le pourquoi; c'est-à-dire que nous admettons comme nécessaire que quelque chose ait précédé, qui ait fait naître cette décision que nous appelons la raison, ou plus précisément, le motif de l'action qui en suit. Nous ne saurions concevoir celle-ci sans un pareil motif, pas plus qu'on ne peut admettre le mouvement d'un corps inerte sans qu'il soit poussé ou tiré. Par conséquent, le motif fait partie des .causes; et il a été déjà mis à leur nombre et caractérisé comme la troisième forme de la causalité au § 20. Mais la causalité tout entière n'est que la forme du principe de raison suffisante dans la première classe d'objets, c'est-à-dire pour le monde des corps donné dans l'intuition externe. Elle y est le lien rattachant entre eux tous les changements, car la cause est la condition extrinsèque de tout événement. Mais, là, l'intérieur de ces événements demeure un mystère pour nous, car nous restons, nous-mêmes, toujours en dehors. Nous voyons bien telle cause produire nécessairement tel effet, mais nous n'apprenons pas comment elle peut le faire, ni ce qui se passe à cette occasion au dedans. Ainsi voyons-nous les actions mécaniques, physiques, chimiques, ainsi que celles dues aux excitations, suivre chaque fois leurs causes respectives, sans jamais pour cela comprendre à fond ce qui se passe; l'essentiel nous reste caché; nous l'attribuons alors aux propriétés des corps: aux forces naturelles, voire à la force vitale; mais tout cela n'est que *qualitates occultae*. Nous n'en saurions pas plus sur les mouvements et les actions des animaux et des hommes et nous les verrions également provoqués par leurs causes (les motifs) d'une manière inexplicable si l'accès ne nous était pas ouvert pour arriver à saisir ce qui se passe à l'intérieur: l'expérience interne, faite sur nous-mêmes, nous apprend en effet que ce qui se passe est un acte de volition provoqué par un motif consistant en une simple représentation. L'action du motif ne nous est donc pas connue seulement du dehors et médiatement, comme celle de toutes les autres causes, mais à la fois du dedans, immédiatement et par conséquent dans son mode d'action. Ici, nous nous trouvons être, pour ainsi dire, dans les coulisses et nous pénétrons le mystère par lequel, selon son essence intime, la cause amène l'effet: car ici nous connaissons par une tout autre voie, et, par suite, d'une tout autre façon. Il en découle ce principe capital que *la motivation est la causalité vue de l'intérieur*. La causalité se présente donc ici d'une manière toute différente, dans un milieu tout autre et pour une espèce de connaissance entièrement différente; aussi est-elle maintenant à exposer comme une forme spéciale et singulière de notre principe le raison: ce principe se présente ici comme principe de aison suffisante de l'action, *principium rationis ufficientis agendi*, ou plus brièvement: *loi de la notivation*.

Afin de permettre de s'orienter ultérieurement dans ma philosophie en général, j'ajoute ici que le rapport de cette quatrième classe d'objets pour le sujet (c'est-à-dire la volonté perçue en nous) à la première classe d'objets est le même que celui de la loi de motivation à la loi de causalité (exposée au §20). Cette vue est la pierre angulaire de toute ma métaphysique.

En ce qui concerne le mode et la nécessité d'action des motifs, leur dépendance à l'égard du caractère empirique individuel et de la faculté de connaissance de l'individu, etc., je renvoie à mon mémoire couronné sur la liberté de la volonté, où toutes ces questions sont traitées en détail.

§ 44
INFLUENCE DE LA VOLONTÉ SUR LA CONNAISSANCE

Ce n'est pas, à proprement parler, sur la causalité, mais sur l'identité entre le sujet connaissant et le sujet voulant, exposée au § 42, que repose l'influence exercée par la volonté sur la connaissance et qui consiste en ce qu'elle oblige cette dernière à rappeler des représentations qu'elle a déjà eues, à porter en général son attention sur telle ou telle chose et à évoquer une série quelconque de pensées. En cela aussi, c'est la loi de motivation qui la détermine et qui en fait aussi le guide caché de ce que l'on appelle l'association des idées, à laquelle j'ai consacré un chapitre spécial (chap. XIV) dans le vol. II du *Monde comme volonté et comme représentation* PUF, p. 819-823], et qui n'est elle-même que l'application du principe de raison, sous ses quatre aspects, à la marche subjective des idées, c'est-à-dire à la présence des représentations dans la conscience. Mais c'est la volonté de l'individu qui met tout le mécanisme en mouvement, en stimulant l'intellect, conformément à l'intérêt de la personne, c'est-à-dire à ses buts propres, pour rapprocher de ses représentations présentes toutes celles qui leur sont unies logiquement ou analogiquement, ou bien par des rapports de contiguïté spatiale ou temporelle. L'activité de la volonté est ici si immédiate que, généralement, nous ne la reconnaissons pas clairement, et si rapide que, parfois, nous ne savons même pas à quelle occasion nous avons évoqué telle représentation ; et il nous semble alors que nous prenons conscience de quelque chose qui n'a de rapport avec aucune autre chose dans notre conscience ; mais, comme nous l'avons montré ci-dessus, pareille chose ne peut arriver et c'est là l'origine du principe de raison suffisante que nous avons expliquée en détail dans ce chapitre. Toute image qui se présente soudainement à notre imagination, comme aussi tout jugement que son principe n'a pas précédé, doivent avoir été évoqués par un acte de volition qui a un motif, bien que celui-ci, parce qu'il est de faible importance, et l'acte de volition, parce que l'exécution en est si facile qu'elle est instantanée, ne soient souvent pas aperçus.

§ 45

MÉMOIRE

La propriété qu'a le sujet connaissant d'obéir d'autant plus facilement à la volonté dans l'évocation des représentations qu'elles se sont déjà souvent présentées à lui, c'est-à-dire sa *capacité d'exercice*, voilà ce que l'on appelle la *mémoire*. Je ne puis approuver la manière dont on la présente d'ordinaire, c'est-à-dire comme un réservoir dans lequel nous emmagasinons une réserve d'idées toutes faites, que nous possédons par conséquent constamment mais sans en avoir toujours conscience. La reproduction volontaire d'idées qui nous ont déjà été présentes devient si facile par l'exercice qu'à peine un anneau de la chaîne se présente-t-il, nous y rattachons immédiatement tous les autres, souvent même en apparence contre notre gré. L'image la plus juste pour nous représenter cette propriété de notre faculté de représentation (Platon en donne aussi une; il compare la mémoire à une cire molle qui reçoit et garde les empreintes) serait celle d'une toile qui, pliée souvent de la même façon, refait ensuite ces mêmes plis pour ainsi dire d'elle-même. La faculté de représentation, comme le corps, apprend par l'exercice à obéir à la volonté. Un souvenir n'est pas du tout comme on le dit ordinairement toujours la même idée que l'on retire comme d'un magasin, il se produit réellement chaque fois une nouvelle représentation, seulement avec beaucoup de facilité, vu l'exercice; c'est ainsi que l'on peut se rendre compte comment des images que nous croyons garder dans notre mémoire mais auxquelles en réalité nous ne faisons que nous exercer par de fréquentes répétitions, se modifient insensiblement; nous nous en apercevons quand, revoyant après un long moment, un objet connu autrefois, nous trouvons qu'il ne correspond plus à l'image que nous en avons. Cela ne pourrait arriver si nous conservions des représentations toutes faites. De là vient que des connaissances acquises, quand nous ne les exerçons pas, disparaissent peu à peu de notre mémoire, parce qu'elles ne sont, précisément, que des sujets d'exercice ayant leur source dans l'habitude et dans le maniement: c'est ainsi, par exemple, que la plupart des savants oublient leur grec et les artistes qui rentrent au pays leur italien. C'est pour la même raison que lorsque nous avons su autrefois un nom, un vers ou autre chose de semblable et que pendant longtemps nous n'y avons pas pensé, nous le retrouvons avec difficulté; mais, une fois rappelé, nous l'avons de nouveau à notre disposition pour quelque temps, car nous avons renouvelé l'exercice. Ceux qui connaissent plusieurs langues devraient de temps en temps lire des livres dans chacune d'elles pour continuer ainsi à les posséder.

Ainsi s'explique que les événements de notre enfance et tout ce qui nous entourait à l'époque se gravent si profondément dans la mémoire: enfants, nous n'avions que peu de représentations et essentiellement intuitives; aussi, pour nous occuper, les répétions-nous sans cesse. Les hommes qui ont peu d'aptitude à penser par eux-mêmes sont dans le même cas leur vie durant (et cela non seulement à l'égard des représentations intuitives, mais aussi à l'égard des concepts et des mots); aussi sont-ils parfois doués d'une excellente mémoire, à moins que l'hébétude ou la paresse d'esprit n'y fasse obstacle. En revanche, les génies n'ont souvent pas une mémoire remarquable, comme Rousseau le dit de lui-même; on pourrait s'expliquer le fait par la masse énorme de nouvelles pensées et de combinaisons qui ne lui laisse pas de temps à de nombreuses reproductions; et quoique le génie aille difficilement de pair avec une très mauvaise mémoire, l'énergie et la vivacité plus grandes de toutes les facultés intellectuelles remplacent ici l'exercice. N'oublions pas, d'ailleurs, que Mnémosyne est la mère des Muses. Dès lors, on peut dire que la mémoire est sous l'empire de deux influences antagonistes: celle de l'énergie de la faculté de représentation d'une part, celle du nombre d'idées qui l'occupe, d'autre part. Plus le premier facteur est faible, plus faible doit être le second pour constituer une bonne mémoire; et plus ce second facteur est grand, plus le premier devra l'être aussi. Voilà pourquoi ceux qui lisent continuellement des romans perdent ainsi leur mémoire, ce qui s'explique par le fait que, chez eux comme chez le génie, la foule des représentations qui ne sont pas ici leurs propres pensées et associations d'idées, mais des associations d'idées étrangères et qui passent très vite, ôte le temps et la patience nécessaires à l'exercice et à la répétition. Et il leur manque ce qui chez le génie compense l'exercice. Au reste, il y a encore un correctif à apporter à tout ceci: chacun montre le plus de mémoire pour ce qui l'intéresse et en montre le moins pour le reste. Aussi beaucoup de grands esprits oublient avec une surprenante rapidité les petites affaires de la vie quotidienne, ainsi que les hommes insignifiants qu'ils peuvent avoir connus, alors que les esprits bornés se les rappellent parfaitement; les premiers auront néanmoins une très bonne mémoire, parfois même étonnante pour ce qui a de l'importance pour *eux* et en soi.

Il est facile de comprendre, généralement parlant, que nous retenons plus aisément les séries de représentations qui se rattachent entre elles par une ou plusieurs espèces de lien de principe à conséquence et que nous nous rappelons plus difficilement celles qui ne se relient pas entre elles, mais qui dépendent de notre volition en vertu de la loi de motivation, c'est-à-dire celles qui sont arbitrairement liées. Car, pour les premières, la connaissance *a priori* que nous avons de leur partie formelle nous épargne la moitié du travail. C'est cette connaissance, comme toute connaissance *a priori* en général, qui doit avoir motivé la thèse de Platon disant qu'apprendre n'est autre chose que se souvenir.

CHAPITRE VII

REMARQUES GÉNÉRALES ET RÉSULTATS

§ 46
L'ORDRE SYSTÉMATIQUE

L'ordre dans lequel j'ai exposé les différentes formes de notre principe n'est pas l'ordre systématique; je ne l'ai choisi que pour plus de clarté afin de montrer en premier ce qu'il y a de plus connu et ce qui a le moins besoin de supposer le reste connu; j'ai suivi ici le précepte aristotélicien: «Même dans la science, il ne faut pas parfois commencer par le commencement, et par la notion première de l'objet, mais par ce qui peut le mieux en faciliter l'étude» (*Métaphysique*, IV, 1 [1013 a 2]). L'ordre systématique dans lequel les catégories de raisons devraient se succéder est celui-ci. D'abord le principe de raison d'être, et, en premier lieu, son application au *temps*, qui est la simple esquisse de toutes les autres formes du principe de raison suffisante; il n'en contient que les traits essentiels et l'on peut dire qu'il est l'archétype de tout ce qui est fini. Après avoir aussi exposé la raison d'être dans l'espace, il faudrait ensuite établir la loi de causalité, puis celle de motivation et, tout à la fin, le principe de la raison suffisante de connaissance; car tous les autres se rapportent à des représentations immédiates, tandis que ce dernier se rapporte à des représentations tirées de représentations.

La vérité ici énoncée, que le temps est une esquisse ne contenant que l'essence de toutes les formes du principe de la raison, nous explique la clarté absolue et la parfaite exactitude de l'arithmétique, à laquelle, sous ce rapport, aucune autre science ne saurait se comparer. Toutes les sciences reposent, en effet, sur le principe de raison puisqu'elles ne sont, d'un bout à l'autre, que concaténations de principes et de conséquences. Mais la suite des nombres est la suite simple et unique des raisons d'être et de leurs conséquences dans le temps ; rien n'est laissé en dehors, aucune relation ne reste indéterminée et c'est cette simplicité parfaite qui fait qu'elle ne laisse rien à désirer en précision, en rigueur apodictique et en clarté. Toutes les sciences lui sont inférieures sous ce rapport, même la géométrie parce tant de relations naissent des trois dimensions de l'espace qu'il est trop difficile d'en avoir une vue d'ensemble ; aussi les problèmes plus compliqués de la géométrie ne se résolvent-ils que par le calcul ; la géométrie s'empresse de se fondre dans l'arithmétique. Je n'ai pas besoin de montrer combien les autres sciences renferment d'éléments qui, souvent, les obscurcissent.

§ 47
DU RAPPORT DE TEMPS ENTRE RAISON ET CONSÉQUENCE

D'après les lois de la causalité et de la motivation, le principe doit, dans le temps, précéder la conséquence. C'est là un point absolument essentiel, ainsi que je l'ai développé dans le vol. II de mon ouvrage principal, chap. IV, PUF, p. 41-42 ; j'y renvoie pour ne pas me répéter. Il ne faut donc pas se laisser induire en erreur par des exemples tels que Kant en donne (dans la *Critique de la raison pure*, A 202 ; B 248)[1], à savoir que la cause de la chaleur d'une chambre, c'est-à-dire le poêle, existe en même temps que son effet ; – il n'y a qu'à se rappeler que ce n'est pas un objet qui est la cause d'un autre objet, mais un état qui est la cause d'un autre état. L'état du poêle d'avoir une température supérieure à celle du milieu ambiant doit précéder la communication à ce milieu de son excès de chaleur ; et, comme chaque couche d'air chaud fait place à une couche plus froide qui afflue, le premier état, c'est-à-dire la cause, se renouvelle et donc aussi le second, c'est-à-dire l'effet, et cela tant que le poêle et la chambre ne se trouveront pas à la même température. Il n'y a donc pas là une cause permanente, le poêle, et un effet permanent, la chaleur de la chambre, qui seraient contemporains, mais une série de changements, c'est-à-dire un renouvellement continu de deux états dont l'un est la cause de l'autre. Tout ce qui peut ressortir de cet exemple, c'est à quel point Kant lui-même avait encore une notion confuse de la causalité.

Le principe de raison suffisante de la connaissance ne comporte, en revanche, aucun rapport de temps, mais seulement un rapport pour la raison ; *avant* et *après* n'ont donc ici aucune signification.

Dans le cas du principe de la raison d'être, en tant qu'il vaut pour la géométrie, il n'y a pas non plus de rapport de temps, mais rien qu'un rapport d'espace, d'après lequel on pourrait dire que tout est simultané, si la simultanéité comme la succession n'étaient pas ici dépourvues de sens. En arithmétique, au contraire, la raison d'être n'est autre chose que le rapport de temps lui-même.

---

1. KANT, *Critique de la raison pure*, A 202 / B 248 ; Ak.III, 175 ; TP, 190.

§ 48
LA RÉCIPROCATION DES RAISONS

Le principe de raison suffisante peut, dans chacune de ses significations, fonder un jugement hypothétique et les lois du raisonnement hypothétique gardent ici toute leur valeur : ainsi de l'existence de la raison à celle de la conséquence, ou de l'inexistence de la conséquence à l'inexistence de la raison, la conclusion est bonne ; mais de la non-existence de la raison à la non-existence de la conséquence, ou de l'existence de la conséquence à celle de la raison, la conclusion est fausse. Or il est remarquable qu'on peut presque toujours, en géométrie toutefois, conclure aussi de l'existence de la conséquence à celle de la raison et de la non-existence de la raison à la non-existence de la conséquence. Mais cela vient de ce que, comme nous l'avons montré au § 37, chaque ligne détermine la position des autres lignes et qu'il est ainsi indifférent de commencer par l'une ou par l'autre, c'est-à-dire de prendre l'une ou l'autre comme raison ou comme conséquence. On peut s'en convaincre en examinant un à un tous les théorèmes de la géométrie. Ce n'est que là où il n'est pas question uniquement de figures, c'est-à-dire de positions de lignes, mais de surfaces, abstraction faite des figures, que l'on ne peut pas conclure, en règle générale, de l'existence de la conséquence à celle de la raison, ou plutôt qu'on ne peut convertir les propositions et faire du conditionné la condition. La proposition suivante en fournit un exemple : si des triangles ont mêmes bases et mêmes hauteurs, ils ont leurs surfaces égales. On ne peut la convertir et dire : si des triangles ont des surfaces égales, leurs bases et leurs hauteurs sont aussi égales. Les hauteurs peuvent être, en effet, en rapport inverse des bases.

J'ai déjà montré au § 20 que la loi de causalité n'admet pas la réciprocation, l'effet ne pouvant, en effet, jamais être la cause de sa cause ; et par suite, la notion d'action réciproque est, au sens propre, inadmissible. – Le principe de connaissance n'autoriserait la réciprocation que de concepts équivalents, leurs sphères se couvrant seules réciproquement. Ce cas excepté, la réciprocation ne donne qu'un *circulus vitiosus.*

§ 49

LA NÉCESSITÉ

Le principe de raison suffisante est, sous toutes ses formes, l'unique origine et l'unique support de toute nécessité. Car le mot *nécessité* n'a pas d'autre signification vraie et claire que celle-ci: la raison étant donnée, la conséquence est inéluctable. Il n'existe, dès lors, de nécessité que *conditionnelle*; une nécessité absolue, c'est-à-dire inconditionnelle, est une *contradictio in adjecto. Être nécessaire* ne signifie, en effet, jamais rien d'autre que résulter d'une raison donnée. Si l'on voulait définir le nécessaire: «ce qui ne peut pas ne pas être», on ne donnerait qu'une définition verbale et l'on s'abriterait, pour éviter la définition de la chose, derrière un concept des plus abstraits, mais d'où l'on peut être immédiatement débusqué par la question: comment est-il possible, ou seulement pensable, qu'une chose ne puisse pas ne pas être, l'existence ne nous étant connue qu'empiriquement? On voit clairement alors que cela n'est possible qu'en tant qu'une *raison* est posée ou donnée dont la chose résulte. Être nécessaire et découler d'une raison donnée sont donc des concepts interchangeables qui, à ce titre, peuvent toujours être substitués l'un à l'autre[1]. Cette notion favorite de nos pseudo-philosophes: «*l'être absolument nécessaire*» contient donc une contradiction: l'attribut *absolu* (c'est-à-dire «ne dépendant de rien») annule la condition par laquelle l'attribut *nécessaire* est concevable et a un sens. Nous avons là un nouvel exemple de l'abus

---

1. Cf. *Le Monde*, 1ère éd., p. 647-650 [Note de Schopenhauer] (PUF, p. 605 sqq).

des concepts abstraits pour permettre une subreption métaphysique, comme je l'ai démontré pour les notions de *substance immatérielle, raison absolue, cause en général,* etc. Je ne saurais répéter suffisamment que tous les concepts abstraits doivent être contrôlés par l'*intuition*.

Il existe donc une quadruple nécessité, correspondant aux quatre formes du principe de la raison : 1°) la nécessité logique, en vertu du principe de connaissance qui fait que si l'on a admis les prémisses, on ne peut refuser d'accorder la conclusion; 2°) la nécessité physique, correspondant à la loi de causalité, et en vertu de laquelle dès que la cause s'est présentée, l'effet ne peut manquer; 3°) la nécessité mathématique, correspondant au principe de la raison d'être, et, en vertu de laquelle tout rapport énoncé par un théorème géométrique vrai est tel que celui-ci l'expose et tout calcul exact est irréfutable; 4°) la nécessité morale, en vertu de laquelle tout homme, tout animal, quand le motif se présente, *est contraint* d'accomplir l'action qui, seule, convient à son caractère inné et immuable, et qui doit aussi inévitablement se produire que tout autre effet d'une cause, bien que cet effet soit moins facile à prédire que les autres, vu la difficulté de scruter et de bien connaître le caractère empirique individuel et la sphère intellectuelle qui l'accompagne; ce sont là des éléments autrement difficiles à étudier que les propriétés d'un sel neutre d'après lesquelles on peut annoncer la réaction. Je ne cesserai de le répéter, à cause des ignorants et des imbéciles qui, non contents de mépriser la doctrine unanime de tant de grands esprits, sont assez impudents pour soutenir le contraire, au profit de leur philosophie de vieilles femmes. Mais moi, je ne suis pas un professeur de philosophie placé dans la nécessité de faire la courbette devant la sottise d'autrui.

§ 50
SÉRIES DES RAISONS ET DES CONSÉQUENCES

Suivant la loi de causalité, la condition est toujours elle-même conditionnée, et de la même façon ; il en résulte, *a parte ante*, une *series infinitum* [une série infinie en amont]. Il en va de même pour la raison d'être dans l'espace : tout espace relatif est une figure ; il a des limites qui le mettent en relation avec d'autres espaces dont ces limites déterminent à leur tour la figure, et cela dans toutes les dimensions, *ad indefinitum*. Mais si l'on ne considère qu'une figure particulière en soi, alors la série a un terme, car on est parti d'un rapport donné ; de même que la série des causes a un terme, si l'on s'arrête à une cause quelconque. Dans le temps, la série des raisons d'être a une extension infinie *a parte ante*, comme *a parte post* [en amont comme en aval], tout instant ayant pour condition l'instant précédent et étant lui-même la condition du suivant ; le temps ne peut donc avoir ni commencement ni fin. La série des raisons de la connaissance, en revanche, c'est-à-dire une suite de jugements dont chacun établit la vérité logique de l'autre, a toujours, quelque part, un terme ; elle aboutit en effet à une vérité empirique, à une vérité transcendantale ou à une vérité métalogique. Dans le premier cas, si l'on continue à demander le pourquoi, on veut une cause, c'est-à-dire que la série des raisons de la connaissance se transforme en série de raisons du devenir (*fiendi*). Quand on procède à l'opposé, c'est-à-dire quand on transforme la série des raisons de devenir, afin de lui donner un terme, en série de principes de connaissance, cela n'est jamais amené par la nature des choses, mais dans une intention spéciale, donc par une manœuvre et c'est là le sophisme connu sous le nom de *preuve ontologique*. Voici comment l'on s'y prend : quand la preuve cosmologique a conduit à la cause à laquelle on désire s'arrêter pour en faire la cause première, comme, d'autre part, la loi de causalité ne se laisse pas ainsi mettre en inactivité et qu'elle veut continuer à s'enquérir du pourquoi, on la met silencieusement de côté et on lui substitue le principe de connaissance auquel elle ressemble de loin; on avance donc, au lieu de la cause cherchée, un principe de connaissance que l'on va puiser dans le concept même qu'il s'agit de prouver et dont la réalité est, par conséquent, problématique encore; et ce principe qui, à tout prendre, est une raison, doit alors figurer comme cause. Naturellement on a arrangé le concept à l'avance en y faisant entrer la réalité tout au plus voilée par décence d'une ou de deux enveloppes, et l'on s'est préparé de la sorte la joyeuse surprise de l'y découvrir dorénavant; nous avons déjà expliqué la chose plus au long dans le § 7. Dans les deux autres cas, c'est-à-dire quand une suite de jugements se fonde en dernière analyse sur la proposition d'une vérité transcendantale ou métalogique, il n'y a pas de réponse au pourquoi parce qu'il n'a aucun sens et qu'on ignore quelle raison demander. En effet le principe de raison est le *principe de toute explication*: expliquer une chose signifie ramener son existence ou sa relation présente à l'une des formes du principe de la raison, principe en vertu duquel cette existence ou cette relation doivent être telles qu'elles sont. En conséquence, le principe lui-même, c'est-à-dire le rapport qu'il affirme sous un de ses quatre aspects, n'est pas explicable au-delà: il n'existe pas de principe pour expliquer le principe de toute explication, de même que l'œil voit tout, excepté lui-même. – Il y a certes des séries de motifs puisque la décision d'atteindre une fin devient le motif déterminant de toute une série de moyens; cependant cette série s'achève toujours *a parte priori* [en amont] dans une représentation relevant des deux premières classes et c'est sur celle-là que repose le motif qui a eu le pouvoir, à l'origine, de mettre en activité la volition de l'individu. Que le motif ait eu cette puissance, c'est une donnée pour la connaissance du caractère empirique que l'on étudie; mais la question de savoir pourquoi celui-ci a été mû par ce motif ne trouve pas de réponse parce que le caractère intelligible est placé en dehors du temps et ne devient jamais objet. La série des motifs a donc pour dernier terme un pareil motif et se transforme, selon que le dernier anneau est un objet réel ou une simple abstraction, en série de causes ou en série de principes de connaissance.

§ 51

TOUTE SCIENCE A POUR GUIDE L'UNE DES FORMES DU PRINCIPE
DE RAISON, DE PRÉFÉRENCE AUX AUTRES

On a dit au § 4 que la question «pourquoi» était la mère de toutes les sciences, parce que cette demande exige toujours une raison suffisante et que l'enchaînement des connaissances, sur la base de ce principe, est ce qui distingue la science du simple agrégat de connaissances. Il se trouve aussi que l'une des formes de notre principe sert, dans chaque science, de guide à la méthode de préférence aux autres bien que ceux-ci y trouvent aussi leur emploi, mais seulement plus subordonné. Ainsi, en mathématiques pures, la raison d'être est le guide principal (quoique l'exposition des preuves ne s'appuie que sur le principe de connaissance); en mathématiques appliquées apparaît en même temps la loi de la causalité; celle-ci prend la direction suprême en physique, en chimie, en géologie, etc. Le principe de connaissance est constamment invoqué dans les sciences puisque dans toutes on connaît le particulier au moyen du général. Mais il règne quasi exclusivement en botanique, zoologie, minéralogie et autres sciences taxinomiques. La loi de motivation est le guide par excellence et quasi exclusif en histoire, en politique, en psychologie pragmatique, etc., mais quand on étudie les motifs et maximes, quels qu'ils soient, comme des données pour expliquer les actions, la loi de motivation sert de guide dans l'éthique. On trouve dans mon ouvrage principal (t. II, chap. xii, p. 136) une classification des sciences fondée sur ce principe.

§ 52

DEUX RÉSULTATS PRINCIPAUX

Je me suis efforcé de montrer dans cette dissertation que le principe de raison suffisante est une expression commune pour quatre rapports totalement différents dont chacun repose sur une loi spéciale et donnée *a priori* (le principe lui-même étant une proposition synthétique *a priori*). Ces quatre lois ont été trouvées suivant le principe de *spécification*; on doit admettre d'après celui d'*homo-généité* que, de même qu'elles se rencontrent dans une expression commune, elles dérivent aussi d'une seule et même constitution originaire identique de toute notre faculté de représentation comme de leur racine commune, que nous pourrions considérer dès lors comme le germe le plus profond de toute dépendance, de toute relativité, de toute disposition au changement et de toute finitude des objets de notre conscience prisonnière de l'intuition sensible, de l'entendement et de la raison, du sujet et de l'objet; ou comme le germe de ce monde que le grand Platon réduit, à diverses reprises, à être «*toujours en devenir et en train de disparaître,* mais qui n'existe jamais réellement» [*Timée,* 28 a] dont la connaissance ne serait qu'un «*objet de l'opinion jointe à la sensation irraisonnée*» [*ibid.*] et que le christianisme appelle un *monde temporel* dans un sens très exact par rapport à cette forme de notre principe que j'ai désignée au § 46 comme le schéma le plus simple et l'archétype de toute finitude, la *temporalité.* La signification générale du principe de raison comme tel revient à cela que toujours et partout aucune chose n'existe que *par l'intermédiaire d'une autre.* Or, sous toutes ses formes, ce principe est *a priori*; il a donc sa racine dans l'intellect: il ne faut donc pas l'appliquer au monde, c'est-à-dire à l'ensemble de tous les objets existants, y compris l'intellect dans lequel ce monde existe, car le monde, par cela même que nous ne pouvons nous le représenter qu'en vertu de ces formes *a priori*, n'est que phénomène ; par conséquent, ce qui n'est applicable qu'en vertu de ces formes ne peut être appliqué au monde lui-même, c'est-à-dire aux objets en soi qui s'y représentent. C'est pourquoi l'on ne peut pas dire que *le monde et tous les objets qu'il contient n'existent qu'en vertu d'une autre chose* ; ce qui est précisément la preuve cosmologique.

Si la présente dissertation a réussi à démontrer ce résultat, on serait en droit, me semble-t-il, d'exiger de tout philosophe qui, dans ses spéculations, bâtit un raisonnement sur le principe de raison suffisante ou qui, d'une manière générale, parle seulement d'une raison, qu'il détermine quelle espèce de raison il vise. On pourrait croire que toutes les fois qu'il s'agit d'une raison, cela ressort de soi-même et que la confusion est impossible. Mais on n'a que trop d'exemples où les mots raison et cause sont confondus et employés indistinctement l'un pour l'autre, soit que l'on parle *en général* d'une raison et de ce qui est fondé sur une raison, d'un principe et de ce qui découle d'un principe, d'une condition et d'un conditionné, sans plus de précisions, justement peut-être parce que l'on a secrètement conscience de faire un usage injustifié de ces concepts. C'est ainsi que Kant lui-même parle de la chose en soi comme de la *raison* du phénomène. C'est ainsi encore qu'il parle (dans la *Critique de la raison pure*, B 590)[1] d'une *raison de la possibilité* de tout phénomène, d'une *raison intelligible* des phénomènes, d'une *raison inconnue* de la possibilité de la série sensible en général (B 92)[2], d'un *objet transcendantal* qui est la

1. KANT, *Critique de la raison pure*, A 562 / B 590 ; Ak. III, 379 ; TP, 409.
2. KANT, *Critique de la raison pure*, A 564 / B 592 ; Ak. III, 380 ; TP, 409.

raison des phénomènes, de la *raison* pour laquelle la sensibilité est soumise à telles conditions plutôt qu'à toutes les autres conditions suprêmes (B 641)[1], et ainsi de suite dans bien d'autres passages encore. Tout cela me semble mal s'accorder avec cette pensée si importante, si profonde, immortelle même (cf. B 591) : « que la contingence[2] des choses n'est *elle-même que phénomène* et ne peut nous conduire à aucune autre régression qu'à la régression empirique qui détermine les phénomènes »[3].

Ceux qui connaissent les écrits philosophiques récents savent à quel point les concepts de raison et de conséquence, de principe et de ce qui découle d'un principe, etc. sont employés depuis Kant dans un sens encore plus vague et tout à fait transcendant.

Mon objection contre cet emploi indéterminé du mot *raison* ainsi que du principe de raison suffisante en général, est la suivante, et c'est en même temps le second résultat, étroitement uni au premier, que fournit cette dissertation en ce qui concerne son objet propre. Les quatre lois de notre faculté de connaître dont la formule commune est le principe de raison suffisante s'avèrent — de par leur caractère commun et le fait que tous les objets pour le sujet se répartissent entre elles —, établies par une seule et même constitution originaire et propriété interne de notre conscience apparaissant comme sensibilité, entendement et raison ; à ce point même que si l'on imaginait qu'il pût surgir une nouvelle, cinquième classe d'objets, il faudrait également admettre que le principe de raison suffisante s'y présenterait sous une nouvelle forme.

---

1. KANT, *Critique de la raison pure*, A 613 / B 641 ; Ak. III, 409 ; TP, 437.

2. On pense ici à la contingence empirique, qui ne signifie rien d'autre chez Kant que le fait de dépendre d'autres choses ; je renvoie aux admonestations de ma *Critique de la philosophie kantienne*, p. 524 [PUF, p. 582 sq.]. [Note de Schopenhauer].

3. KANT, *Critique de la raison pure*, A 564 / B 591 ; Ak. III, 380 ; TP, 410.

Nous n'avons, cependant, pas le droit de parler d'une *raison pure et simple* et il n'existe pas plus de raison *en général* qu'il n'existe de *triangle en général*, si ce n'est sous forme de concept abstrait, obtenu par la pensée discursive et qui, à titre de représentation de représentations, n'est qu'un moyen pour penser beaucoup de choses en une seule. De même qu'un triangle doit avoir un angle aigu, obtus ou rectangle, être équilatéral, isocèle ou scalène, de même toute raison doit appartenir à l'une des quatre espèces possibles de raisons (puisque nous n'avons que quatre classes d'objets et nettement distinctes) et, par suite, toute raison doit valoir pour l'une des quatre classes d'objets de notre faculté de connaissance ; l'emploi d'une quelconque de ces raisons présuppose donc déjà comme données ces classes et cette faculté, c'est-à-dire le monde tout entier ; mais hors de cette classe ou même de tous les objets, l'on ne peut plus recourir à cet emploi. S'il se trouvait ici quand même quelqu'un d'un autre avis, pour penser qu'une raison en général est autre chose qu'un concept abstrait à partir des quatre espèces de raisons, exprimant leur caractère commun, nous pourrions recommencer la querelle des réalistes et des nominalistes, auquel cas, je devrais me ranger du côté de ces derniers.

BIBLIOGRAPHIE

I. TEXTES ORIGINAUX

Sämtliche Werke, éd. par Paul Deussen, Munich, Piper & Co, 16 vol. 1911-1942. On trouve dans le t. 3 le texte séparé des deux éditions de la *Dissertation*. Les tomes 11 et suiv. constituent l'*Handschriftlicher Nachlaß*. Signalons particulièrement : le t. 11, *Erstlingsmanuskripte* [1809-1818] (éd. par Erich Hochstetter).

Sämtliche Werke, éd. par Arthur Hübscher, 7 vol., 3ème éd., Wiesbaden, 1972.

Ueber die vierfache Wurzel des Satzes vom zureichenden Grunde, éd. par Michael Landmann et Elfriede Tielsch, Hambourg, PHB 249, Felix Meiner Verlag, 1957.

Sämtliche Werke, éd. par Wolfgang von Löhneysen, Stuttgart / Francfort-sur-le-Main, Cotta-Insel, 5 vol., 1960-1965 ; t. 1-2 : *Die Welt als Wille und Vorstellung*, t. 3 : *Kleinere Schriften* : *Ueber die vierfache Wurzel...* ; *Ueber das Sehn und die Farben* ; *Die beiden Grundprobleme der Ethik : Ueber die Freiheit des Willens* ; *Ueber die Grundlage der Moral* ; t. 4-5 : *Parerga und Paralipomena.*

Der handschriftliche Nachlaß, éd. A. Hübscher, 5 vol., Francfort-sur-le-Main, W. Kramer, 1966-1975 ; t. 1 : *Frühe Manuskripte* (1814-1818), 1966 ; t. 2 : *Kritische Auseinandersetzungen* (1809-1818), 1967 ; t. 3 : *Berliner Manuskripte* (1818-1830), 1970 ; t. 4 /1 : *Die Manuskriptbücher der Jahre 1830-1852*, 1974 ; t. 4 /2 : *Letzte Manuskripte. Gracians Handorakel*, 1975 ; t. 5 : *Randschriften zu Büchern*, 1968. Rééd. Munich, DTV, 1985.

Philosophische Vorlesungen. Vorlesung über die gesammte Philosophie, d.i. die Lehre vom Wissen der Welt und von dem menschlichen Geiste in vier Teilen. 1. Theorie des gesammten Vorstellens, Denkens und Erkennens. 2. Metaphysik der Natur. 3. Metaphysik des Schönen. 4. Metaphysik der Sitten. 4 vol. édités par Völker Spierling, Piper, Munich, 1984-1986.

Gesammelte Briefe, éd. A. Hübscher, Bouvier, Bonn, 1978 ; 2ème éd. corrigée et complétée, 1987.

Gespräche, éd. A. Hübscher, Stuttgart-Bad Cannstatt, Fromann-Holzboog, 1971.

II. PRINCIPALES TRADUCTIONS

De la quadruple racine du principe de raison suffisante, Edition complète (1813-1847), textes traduits et annotés par F.-X. Chenet, introduits et commentés par F.-X. Chenet et M. Piclin.

Textes sur la vue et les couleurs, trad. Maurice Élie, Paris, Vrin, 1986.

Le Monde comme volonté et comme représentation, trad. André Burdeau, révisée par Richard Roos, Paris, PUF, 1966. Les chapitres XLI (*De la Mort et de ses rapports avec l'indestructibilité de notre être en soi*) et XLIV (*Métaphysique de l'amour*) des Suppléments du *Monde* ont été traduits par Marianna Simon sous le titre *Métaphysique de l'amour*. *Métaphysique de la mort*, avec une introduction de Martial Gueroult, Paris, UGE 10/18, 1964.

Leçon inaugurale sur les quatre genres de causes, trad. Marie-José Pernin, in *Schopenhauer*, Paris, L'Herne, 1997.

De la Volonté dans la nature, trad. Édouard Sans, Paris, PUF, 1969.

Essai sur le libre arbitre, trad. Salomon Reinach, Paris, Germer Baillière, 1877, puis Alcan, 1884. Traduction revue et corrigée par Didier Raymond, Paris, Rivage poche, 1992.

Le Fondement de la morale, trad. A. Burdeau, Paris, Alcan, 1879 ; rééditée avec une présentation d'Alain Roger, Paris, Aubier-

Montaigne, 1978 ; nouvelle éd. Le livre de poche, 1991.
Trad. R.-M. Bastian, Paris, Flammarion, 1932.

Parerga et paralipomena. A. Dietrich avait dépecé l'ouvrage en
8 volumes : *Ecrivains et style*, *Sur la religion*, *Philosophie et
philosophes*, *Ethique, droit et politique*, *Métaphysique et
esthétique*, *Philosophie et science de la nature*, *Fragments sur
l'histoire de la philosophi*, *Essais sur les apparitions et
opuscules divers* (Alcan, 1905-1912).

Parerga : l'*Esquisse d'une histoire de la doctrine de l'idéal et du
réel* est traduite à la suite de la *Dissertation* par
J-A. Cantacuzène (Paris, Germer Baillère, 1882). *La Philosophie universitaire*, trad. par A. Dietrich, a été reprise par *Le
cahier du collège international de philosophie*, 1987, n° 3,
p. 12-64 ; et sous le titre : *Ils corrompent nos têtes*, Strasbourg, éd. Circé, 1991. La *Spéculation transcendante sur
l'intentionnalité apparente dans le destin de l'individu* est
traduite par M.-J. Pernin dans *Le Sens du destin* (Paris, Vrin,
1988). *Essai sur les fantômes*, trad A. Dietrich, suivi de
Magnétisme animal et magie [chapitre extrait de *La Volonté
dans la nature*], trad. G. Platon, préface de D. Raymond
(Paris, Critérion, 1992). *Aphorismes sur la sagesse dans la
vie*, trad. J.-A. Cantacuzène, revue par R. Roos, Paris, PUF,
1983.

Paralipomena : *Sur la théorie des couleurs* (chap. VII) est traduit
par M. Élie dans ses *Textes sur la vue et les couleurs* (voir
supra). *Sur l'éthique* (chap. VIII) est traduit par M.-J. Pernin
in *Le Sens du destin* (voir *supra*). Les chapitres X-XIV sont
parus aux éditions Le passeur, Nantes, 1991, sous le titre *Le
Néant de l'existence* (traduction J. Bourdeau et A. Dietrich,
corrigée par Guy Fillion). *Sur la religion* (chap. XV) est
retraduit et présenté par Etienne Osier (GF-Flammarion,
1996). Les chapitres VIII (*Sur l'éthique*), IX (*Sur l'éthique et
la politique*), XXVI (*Observations psychologiques*) et
XXVIII (*Sur l'éducation*) ont été retraduits et présentés par
A. Kremer-Marietti, Le livre de poche, 1996. Le chapitre
XXVII (*Essai sur les femmes*) traduit par J. Bourdeau dans
ses *Pensées et fragments de Schopenhauer* a été repris par
Didier Raymond, Arles, Actes Sud, 1987.

L'art d'avoir toujours raison ou dialectique éristique [*Nachlaß*, éd. Hübscher, t. 3], par Henri Plard, Strasbourg, Circé, 1990.

Εις εαυτον. *A soi-même* [*Nachlaß*, éd. Hübscher, t. 4/ 2], trad. Guy Fillion, Paris, éd. de l'Anabase, 1992.

Pensées et fragments, trad. par Jean Bourdeau, Paris, Germer Baillère, 1881 ; reprint Paris-Genève, Slatkine, 1979.

Journal de voyage [1803-1804], trad. Didier Raymond, Paris, Mercure de France, 1989.

Entretiens, éd. établie et présentée par Didier Raymond, Paris, Critérion, 1992.

Correspondance complète. Edition critique intégrale. Traduction par Christian Jaedicke de l'édition d'A. Hübscher (1978). Paris, Editions Alive, 1996.

III. CHOIX D'ÉTUDES EN LANGUE FRANÇAISE POUR L'APPROCHE
DE LA *QUADRUPLE RACINE*

CASSIRER, Ernst : *Les systèmes post-kantiens*, Collège de philosophie, Lille, Presses Universitaires, 1983.

CHENET, François-Xavier : « Conscience *empirique* et conscience *meilleure* chez le jeune Schopenhauer », in *Schopenhauer*, Paris, L'Herne, 1997, p. 103-130 et *Extraits des manuscrits de jeunesse, ibid.*, p. 173-210.

DELBOS, Victor : *De Kant aux post-kantiens*, Paris, Aubier, 1940 ; rééd. Paris, Aubier, 1992.

DELHOMME, Jeanne : « Lire Schopenhauer. De la quadruple racine du principe de raison suffisante », *Études philosophiques*, 4 /1977.

ÉLIE, Maurice : « Les pouvoirs et les limites de la représentation selon Schopenhauer » in *Actes du XVIIIe congrès des sociétés de philosophie de langue française* (Strasbourg, juillet 1980), Paris, Vrin, 1982, p. 183-188.

GUEROULT, Martial : « Schopenhauer et Fichte » in *Études de philosophie allemande*, Hildesheim, G. Olms, 1977, p. 202 sqq.

MÉDITCH, Philippe : *La théorie de l'intelligence chez Schopenhauer*, Paris, Alcan, 1923.

MÉRY, Marcel : *Essai sur la causalité phénoménale selon Schopenhauer*, Paris, Vrin, 1948.

OSIER, Étienne : « L'abîme mystique » in *Schopenhauer*, Paris, Cahier de l'Herne, 1997, p. 50-68.

PERNIN, Marié-José : *Schopenhauer. Le déchiffrement de l'énigme du monde*, Paris, Bordas, 1992.

PHILONENKO, Alexis : *Schopenhauer. Une philosophie de la tragédie*, Paris, Vrin, 1980.

– « Schopenhauer, critique de Kant », *Revue internationale de philosophie*, 164, 1 /1988, p. 37-70.

PICLIN, Michel : *Schopenhauer ou le tragédien de la volonté*, Paris, Seghers, 1974.

– « Généalogie de Schopenhauer », *Études philosophiques*, 4/1977.

– « Le problème de la conscience et de la mort dans la philosophie de Schopenhauer », in *Schopenhauer*, Paris, L'Herne, 1997, p. 131-144.

RUYSSEN, Théodore : *La philosophie de Schopenhauer*, Paris, Alcan, 1908.

SAFRANSKI, Rüdiger : *Schopenhauer et les années folles de la philosophie*, trad. par Hans Hildenbrand, Paris, PUF, 1990.

SANS, Édouard : *Schopenhauer,* Paris, PUF, coll. Que sais-je ? 1990.

Schopenhauer. Sous la direction de Jean Lefranc. Paris, L'Herne, 1997.

TABLE DES MATIÈRES

PRÉSENTATION.. 7

DE LA QUADRUPLE RACINE DU PRINCIPE DE RAISON SUFFISANTE (ÉD. DE 1847)

PRÉFACE.. 17

CHAPITRE PREMIER : INTRODUCTION............................ 21
  § 1 La méthode 21
  § 2 Son application au cas présent...................... 22
  § 3 Utilité de cette enquête............................... 23
  § 4 Importance du principe de raison suffisante........ 24
  § 5 Le principe lui-même 25

CHAPITRE II : APERÇU DE L'ESSENTIEL DE CE QU'ON A
ENSEIGNÉ À CE JOUR SUR LE PRINCIPE DE RAISON
SUFFISANTE.. 27
  § 6 Premier énoncé du principe et distinction entre
        ses deux significations 27
  § 7 Descartes.. 31
  § 8 Spinoza.. 34
  § 9 Leibniz 40
  § 10 Wolff.. 41
  § 11 Philosophes entre Wolff et Kant 43
  § 12 Hume.. 44
  § 13 Kant et son école...................................... 45
  § 14 Des démonstrations du principe..................... 47

CHAPITRE III : INSUFFISANCE DE L'EXPOSÉ FAIT
   JUSQU'ICI ET ESQUISSE D'UN NOUVEL EXPOSÉ 49
    § 15 Cas qui ne sont pas compris sous les
        acceptions du principe qui ont éte déja
        exposées 49
    § 16 La racine du principe de raison suffisante.......... 51

CHAPITRE IV : DE LA PREMIÈRE CLASSE D'OBJETS
POUR LE SUJET ET DE LA FORME DU PRINCIPE DE
RAISON SUFFISANTE QUÍ Y RÈGNE 53
    § 17 Explication générale de cette classe d'objets........ 53
    § 18 Esquisse d'une analyse transcendantale de la
        réalité empirique.................................... 54
    § 19 De la présence immédiate des représentations 56
    § 20 Le principe de raison suffisante du devenir......... 60
    § 21 Apriorité du concept de causalité. – Caractère
        intellectuel de l'intuition empirique.
        –L'entendement 80
    § 22 De l'objet immédiat 121
    § 23 Critique de la preuve kantienne de l'apriorité
        du concept de causalité 122
    § 24 Du mauvais usage fait de la loi de causalité......... 132
    § 25 Le temps du changement............................. 132

CHAPITRE V : DE LA SECONDE CLASSE D'OBJETS POUR
LE SUJET ET DE LA FORME DU PRINCIPE DE RAISON
SUFFISANTE QUI Y RÈGNE 137
    § 26 Explication de cette classe d'objets 137
    § 27 Utilité des concepts 141
    § 28 Les représentants des concepts. La faculté de
        juger.. 143
    § 29 Principe de la raison suffisante de la
        connaissance.. 147
    § 30 Vérité logique....................................... 148
    § 31 Vérité empirique..................................... 149
    § 32 Vérite transcendantale 150
    § 33 Vérité métalogique 151
    § 34 La raison 153

CHAPITRE VI : DE LA TROISIÈME CLASSE D'OBJETS
POUR LE SUJET ET DE LA FORME DU PRINCIPE DE
RAISON SUFFISANTE QUI Y RÈGNE 179
   § 35 Explication de cette classe d'objets 179
   § 36 Principe de raison d'être 180
   § 37 Raison d'être dans l'espace 181
   § 38 Raison d'être dans le temps. Arithmétique 183
   § 39 Géométrie 193

CHAPITRE VII : DE LA QUATRIÈME CLASSE D'OBJETS
POUR LE SUJET ET DE LA FORME DU PRINCIPE DE
RAISON SUFFISANTE QUI Y RÈGNE 191
   § 40 Explication générale 191
   § 41 Sujet de la connaissance et objet 191
   § 42 Sujet de la volition 194
   § 43 La volition. La loi de la motivation 195
   § 44 Influence de la volonté sur la connaissance 199
   § 45 Mémoire 199

CHAPITRE VIII : REMARQUES GÉNÉRALES ET
RÉSULTATS 203
   § 46 L'ordre systématique 203
   § 47 Du rapport de temps entre raison et
         conséquence 204
   § 48 La réciprocation des raisons 206
   § 49 La nécessité 207
   § 50 Séries des raisons et des conséquences 209
   § 51 Toute science a pour guide l'une des formes
         du principe de raison, de préférence aux
         autres 211
   § 52 Les deux résultats principaux 212

BIBLIOGRAPHIE 216

TABLE DES MATIÈRES 221

EXTRAIT DU CATALOGUE DES ÉDITIONS VRIN

ANSELME, *Sur l'existence de Dieu* (Proslogion)
Introduction, texte latin, traduction et notes A. Koyré
Le *Proslogion* de saint Anselme de Cantorbéry – l'œuvre la plus célèbre d'un des premiers et plus grands philosophes du Moyen Âge – a joué dans l'histoire de la philosophie médiévale et moderne un rôle de tout premier plan. Il contient, en effet, ce fameux argument dit ontologique qui sema la division et la discorde parmi les philosophes et les théologiens.

ARISTOTE, *De l'âme*
Traduction et notes J. Tricot
Dans ce traité, Aristote prolonge ses réflexions sur la science de la nature et pose les fondements de la psychologie classique.

ARISTOTE, *Éthique à Nicomaque*
Traduction et notes J. Tricot
À partir des notions de courage, de justice, de plaisir et d'amitié, ce grand texte de la morale aristotélicienne définit une sagesse à mesure humaine.

ARISTOTE, *Éthique à Eudème*
Introduction, traduction et notes V. Decarie
Dans ce petit traité d'éthique dédié à son disciple Eudème de Chypre, Aristote enquête sur la vertu, l'amitié et les conditions du bonheur.

ARISTOTE, *Métaphysique*
Traduction et notes J. Tricot
Œuvre capitale d'Aristote, la *Métaphysique* constitue le couronnement de tout le système. Elle est présentée ici en deux volumes dans une traduction de référence annotée.

    Tome 1. *Livres A-Z*
    Tome 2. *Livres H-N*

ARISTOTE, *La Politique*
Introduction, traduction et notes J. Tricot
Si l'homme est par nature un animal politique, il importe de s'interroger sur le sens et l'application de notions telles que la justice, le pouvoir, la démocratie, et de résoudre la difficile question du vivre ensemble. La *Politique* d'Aristote reste à ce titre d'une saisissante actualité.

ARISTOTE, *La Physique*
Introduction, traduction et notes L. Couloubaritsis et A. Stevens
Alors que les penseurs grecs envisageaient encore la nature au travers du mythe, Aristote élabore une science rigoureuse qui est à l'origine de la physique moderne.

ARISTOTE, *La Physique*
Introduction, traduction nouvelle par A. Stevens
Cette traduction est plus tournée vers la physique, la nature au travers du mythe, Aristote élabore une science rigoureuse qui est à l'origine de la physique moderne.

ARISTOTE, *Sur la Nature. Physique II*
Introduction, traduction et notes L. Couloubaritsis
Une édition commentée du livre II de la *Physique*, dans lequel Aristote propose une célèbre définition de la nature.

ARISTOTE, *Les Économiques*
Traduction et notes J. Tricot
Où l'on trouve une réflexion sur l'économie dans ses rapports au politique, Aristote montrant que celle-ci relève du gouvernement et de la cité, tandis que celle-là n'est que domestique.

ARISTOTE, *Traité du ciel*, suivi du *Traité pseudo-aristotélicien Du Monde*
Traduction et notes J. Tricot
Complément de la *Physique* et résumé populaire des doctrines du *De Coelo* et des *Météorologiques*, ce texte révèle une parenté avec les thèses théologiques du stoïcisme.

ARISTOTE, *De la Génération et de la Corruption*
Traduction et notes J. Tricot
Le Stagirite étudie ici la génération, la corruption, et les autres changements auxquels sont soumis les corps sublunaires.

ARISTOTE, *Organon – La logique*
Traduction et notes J. Tricot
La logique formelle, qui traite de la forme des raisonnements indépendamment de leur contenu ou des objets sur lesquels ils portent, a pour vocation de servir d'instrument à la science. Analyse du langage, investigation des sens de l'être, démonstration syllogistique et argumentation dialectique conduisent Aristote à la réfutation scientifique du discours des Sophistes.

    I-II. *Catégories. De l'Interprétation*

    III. *Premiers Analytiques*

    IV. *Seconds Analytiques*

    V. *Topiques*

    VI. *Réfutations sophistiques*

AUSTIN, *Le langage de la perception*
Préface G.-J. Warnock, introduction B. Ambroise et S. Laugier, traduction et notes P. Gochet
Partant d'une polémique autour du *sense-datum*, Austin cherche à définir et à délimiter les conditions d'utilisation du langage comme médiateur dans notre perception des choses, sans pour autant en devenir l'interprétant.

BACHELARD, *La formation de l'esprit scientifique*
En retraçant le destin de la pensée scientifique abstraite, Bachelard entend apporter dans cet ouvrage magistral une «contribution à une psychanalyse de la connaissance».

BACHELARD, *Études*
Préface G. Canguilhem
Dans ces *Études*, composées entre 1931 et 1934, Bachelard souligne certains traits distinctifs de la science, préparant ainsi la rédaction de son livre novateur, *Le nouvel esprit scientifique*.

BERKELEY, *De l'obéissance passive*
Traduction D. Deleule
Le *Discours* traite de l'attitude des citoyens vis-à-vis de l'autorité : la notion d'obéissance passive, destinée à concilier les exigences de la conscience morale et les ordres du pouvoir civil, connaît encore des retentissements dans la société actuelle.

BONAVENTURE, *Itinéraire de l'esprit vers Dieu*
Introduction, texte latin et traduction H. Duméry. Annexes de R. Imbach
La doctrine de saint Bonaventure (1221-1274) se présente comme un pèlerinage vers Dieu : le monde sensible est la route qui nous y conduit, et les êtres qui la bordent sont autant de signes qui demandent à être déchiffrés.

BONAVENTURE, *Le Christ maître*
Introduction, texte latin et traduction G. Madec
Avec une majestueuse simplicité, Bonaventure s'exerce à l'art médiéval de la prédication sur le thème évangélique du magistère du Christ.

BOVELLES, *Le livre du sage*
Édition et traduction P. Magnard
Pour Bovelles, le sage n'est pas un être d'exception, mais l'homme accompli. Ainsi le *Livre du sage* peut-il être entendu comme le «livre de l'homme» et considéré comme l'instrument pédagogique qui doit servir de guide spirituel pour l'accomplissement de l'homme cultivé et sage, la sagesse se définissant pour Bovelles comme point culminant de l'humanité.

BURKE, *Recherche philosophique sur l'origine de nos idées du sublime et du beau*
Présentation et traduction B. Saint Girons
La question du beau et du sublime n'apparaît qu'au XVIIIᵉ siècle avec Burke, le sublime cessant d'être conçu comme le simple superlatif du beau. alors que le beau semble subsister par lui-même, le sublime ne cesse de poser la question du destinataire car sa vocation est de «nous enflammer d'un feu qui brûle déjà dans un autre».

CANGUILHEM, *La connaissance de la vie*
L'épistémologue Georges Canguilhem s'interroge sur l'étonnante relation des vivants avec leur milieu, et sur l'originalité de cette présence au monde qu'on nomme la vie, alors même qu'«on n'interroge plus la vie aujourd'hui dans les laboratoires».

CANGUILHEM, *Idéologie et rationalité dans l'histoire des sciences de la vie. Nouvelles études d'histoire et de philosophie des sciences*
Faisant suite à *La connaissance de la vie*, Canguilhem approfondit et développe ici les thèses qu'il défend autant que celles qu'il combat. Critiquant le mécanisme, il prend ainsi parti pour une conception vitaliste de la biologie, soutenant qu'un organisme biologique ne peut être appréhendé en dehors du milieu dans lequel il évolue.

CAVAILLÈS, *Sur la logique et la théorie de la science*
Préface G. Bachelard, postface J. Sebestik
C'est en prison que le résistant-philosophe Cavaillès composa ce dernier ouvrage. Il y dessine les lignes directrices de sa pensée en la confrontant à quatre grands théoriciens de la science : Kant, Bolzano, Carnap et Husserl.

A. COMTE, *Discours sur l'esprit positif*
Introduction et notes A. Petit
En exposant ses théories sous une forme synthétique destinée à un public plus large, Comte a voulu présenter dans ce *Discours* un véritable « manifeste » du positivisme.

CONDILLAC, *Traité des animaux*
Présentation et notes M. Malherbe
Dans son *Traité des animaux* (1755), Condillac apporte de nouveaux éléments à la polémique sur l'âme des bêtes qui opposa les philosophes du XVIIIe siècle.

DESCARTES, *Œuvres complètes*
Édition, introduction et notes révisées sous la direction de Ch. Adam et P. Tannery.
La présente édition comporte la *Correspondance* (t. I-V), suivie des *Œuvres*, opuscules et fragments (t. VI-XI). La lecture de ces volumes offre tous les avantages d'une édition savante sans que l'aspect général du texte ne perde rien de sa beauté et de son originalité.

DESCARTES, *Discours de la méthode*
Introduction et notes Ét. Gilson
Manifeste de la philosophie cartésienne, le *Discours de la Méthode* (1637) est autant une autobiographie intellectuelle qu'un projet de science universelle.

DESCARTES, *Principes de la philosophie*, première partie et sélection d'articles des parties 2, 3 et 4 et *Lettre-Préface*
Texte latin, trad. Picot, et traduction nouvelle D. Moreau, introduction et notes X. Kieft
Cette nouvelle édition des *Principes* donne enfin accès au lecteur français au texte latin de Descartes (1644), au texte français de l'abbé Picot (1647) et à une nouvelle traduction qui suit de près l'original et constitue ainsi un précieux outil de travail.

DESCARTES, *Principes de la philosophie*, première partie
Texte de l'abbé Picot, introduction et notes G. Durandin
Mathématicien et métaphysicien, fondateur de la science moderne, Descartes traite dans ce texte de la connaissance humaine. Cette édition est suivie d'un texte critique de Leibniz, *Remarques sur la partie générale des Principes de Descartes*.

DESCARTES, *Règles pour la direction de l'esprit*
Traduction et notes par J. Sirven
Ce premier essai de méthode composé par Descartes est ici présenté dans sa traduction de référence.

DESCARTES, *Les passions de l'âme*
Introduction et notes G. Rodis-Lewis, Avant-propos par Denis Kambouchner
Dernier ouvrage publié par Descartes, le traité des *Passions de l'âme* est le fruit de toute sa philosophie. Il s'oriente vers une médecine concrète des affections psycho-physiologiques et aboutit à un hymne à la joie que nous procure la sagesse.

DESCARTES, *La morale*
Textes choisis et présenté par N. Grimaldi
Afin d'en faciliter l'étude, ce volume rassemble selon un ordre thématique tous les textes où Descartes a exposé, en telle occurrence ou telle autre, sa morale.

DESTUTT DE TRACY, *De l'amour*
Préface J. Tulard. Introduction, édition et notes Cl. Jolly
Alors que l'on croyait cet ouvrage perdu, nous le retrouvons aujourd'hui dans sa version originale en langue française. On y découvre que l'auteur se positionne en chef de file d'une morale laïque prônée par les principes des Lumières, cherchant à faire coïncider amour et mariage, sentiment et raison.

DUHEM, *La théorie physique, son objet, sa structure*
Avant-propos, index et bibliographie P. Brouzeng
Controversé lors de sa publication mais aujourd'hui reconnu, l'ouvrage défend l'idée que toute théorie scientifique doit être définie par rapport à son propre domaine d'application.

DUHEM, *Sauver les apparences. Sur la notion de Théorie physique de Platon à Galilée*
Introduction P. Brouzeng
Parcourant l'histoire des théories scientifiques de l'Antiquité à la Renaissance, les réflexions épistémologiques de Duhem enrichissent un débat sur l'objet de la physique et la valeur des méthodes utilisées pour avancer dans la connaissance.

JEAN DUNS SCOT, *Signification et vérité. Questions sur le* **Peri hermeneias** *d'Aristote*
Texte latin, introduction, traduction et notes G. Sondag
Sans doute une œuvre de jeunesse, ces *Questions* sont, plutôt qu'un commentaire sur le traité aristotélicien, une investigation portant sur divers problèmes de sémantique dont le motif central est la question des rapports entre signification et vérité. Cet ouvrage peut être regardé comme une introduction à la philosophie de Duns Scot.

FICHTE, *Conférences sur la destination du savant* (1794)
Préface A. Philonenko, introduction, traduction et commentaire J.-L. Vieillard-Baron
Dans ces conférences lucides et audacieuses, dont le propos reste d'une saisissante actualité, Fichte s'interroge sur la place du savant dans la société moderne.

FICHTE, *Initiation à la vie bienheureuse ou encore la doctrine de la religion*
introduction, traduction et notes sous la direction de P. Cerutti
L'*Initiation à la vie bienheureuse* présente la doctrine de la religion de J.G. Fichte. S'adressant à un grand public, ce cylce de conférences tenues à Berlin en 1806 et puliées la même année, n'est pas un traité théologique, mais il expose les principes d'une docrtrine de la vie et de la béatitude qui constitue l'application pratique et religieuse de la doctrine de la science.

FICIN, *Lettres*
Édition et traduction d'un choix de lettres par S. Galland et J. Reynaud
Dans ces lettres, extraites de son *Epistolarium*, Ficin donne à voir combien l'Humanisme dépasse le cadre de la redécouverte de l'Antiquité pour renouer avec un authentique "art de vie", témoignant ainsi de son goût pour une philosophie pratique, où l'art du conseil tient la première place.

JEAN GERSON, *Sur la théologie mystique*
Texte latin, introduction, traduction et notes M. Vial
Dans son *Traité spéculatif de théologie mystique*, Jean Gerson poursuit deux objectifs : fournir une théorie de la connaissance mystique de Dieu et acclimater cette doctrine en milieu universitaire. Ce texte vise ainsi à élaborer une réflexion théorique sur les conditions essentiellement psychologiques de l'union extatique avec Dieu.

GUILLAUME D'OCKHAM, *Intuition et abstraction*
Texte latin, introduction, traduction et notes D. Piché
Philosophe et théologien, Guillaume d'Ockham a développé une théorie de la connaissance forte et originale, opérant une distinction capitale entre intuition et abstraction. Le présent ouvrage offre la toute première traduction française des textes dans lesquels le *Venerabilis Inceptor* expose cette pensée.

GUILLAUME D'OCKHAM, *Traité sur la prédestination*
Texte latin, introduction, traduction et notes C. Michon
Dans ce traité Ockham s'interroge sur le rapport entre Dieu et le contingent. Il propose une réponse originale : l'idée d'une compatibilité de la science divine du futur avec la liberté de chaque homme, en opérant une distinction entre deux sortes de passés, qui s'étend aux rapports entre grâce et liberté, entre élection divine et mérite.

HEGEL, *Concept préliminaire de l'Encyclopédie des sciences philosophiques*
Texte allemand, introduction, traduction et notes B. Bourgeois
À travers une critique alerte des grands courants philosophiques, Hegel conduit librement son lecteur vers la décision spéculative.

HEGEL, *Des manières de traiter scientifiquement du droit naturel*
Traduction et notes B. Bourgeois
Cet opuscule expose la réflexion théologico-politique du jeune Hegel et institue les axes fondamentaux que développera le Système.

HEGEL, *L'esprit du christianisme et son destin. L'esprit du judaïsme*
Introduction, traduction et notes O. Depré
Dans ces textes qui présentent la confrontation de l'esprit du peuple juif à son destin

et analysent les origines du christianisme, Hegel esquisse pour la première fois sa philosophie de l'histoire.

HEGEL, *Précis de l'Encyclopédie des sciences philosophiques en abrégé*
Introduction, traduction et notes B. Bourgeois
Ce texte, allégé des *Anmerkungen*, essentiel, est enfin accessible au public étudiant.

HEGEL, *Phénoménologie de l'esprit – Préface et introduction*
Texte allemand, traduction et commentaire, précédé de *Sens et intention de la Phénoménologie de l'esprit* par B. Bourgeois
La «Préface» et l'«Introduction» constituent en leur unité le grand manifeste hégélien, à la fois le «Discours de la méthode» et le «Discours de métaphysique» des temps nouveaux.

HEGEL, *La vie de Jésus*, précédé de *Dissertations et fragments de l'époque de Stuttgart et de Tübingen*
Introduction, traduction et notes A. Simhon, T. Barazon et R. Legros
«La raison pure, qui ne saurait être bornée, est la divinité elle-même». Ainsi commence la *Vie de Jésus* que Hegel composa en 1795. Cet opuscule, marqué par la morale kantienne, est un moment essentiel dans le parcours du jeune Hegel qui apparaît tiraillé entre des exigences contraires, ce dont témoignent les autres documents traduits dans ce volume.

HOBBES, *De la nature humaine*
Traduction baron d'Holbach, introduction É. Naert
Traduit en 1772, ce traité de Hobbes sur les passions de l'âme exprime une interprétation sensualiste de la connaissance, conséquence de son mécanisme universel.

HUME, *Essais sur l'art et le goût*
Texte anglais, introduction, traduction et notes M. Malherbe
Ces essais publiés ici, tirés des "Essais moraux, politiques et littéraires" en font d'excellentes introductions aux questions générales de l'art et du goût ou encore du style, de l'éloquence ou de la tragédie.

HUME, *Dialogues sur la religion naturelle*
Texte anglais, traduction et commentaire M. Malherbe
Dans ces *Dialogues*, Hume met en scène le débat de Cléanthe, partisan du théisme expérimental, de Déméa, représentant du dogmatisme, et du sceptique Philon, sur la religion naturelle confrontée aux limites de la raison.

HUME, *Enquête sur l'entendement humain*
Texte anglais, introduction, traduction et notes par M. Malherbe
Dès la parution du *Traité de la nature humaine*, Hume avait été accusé de scepticisme. À cela, l'*Enquête* répond d'une triple façon : sur le mode discret d'une incontestable autocensure ; sur le mode positif d'une science sceptique et positive de la nature humaine ; enfin, par la définition d'une règle de bonne conduite : le scepticisme-mitigé.

HUME, *Histoire naturelle de la religion*
Introduction, traduction et notes M. Malherbe

Hume pose une distinction radicale entre deux formes de religion : la religion rationnelle, capable de satisfaire à la question du fondement, et les religions populaires (polythéistes ou théistes) dont seule peut rendre compte une histoire naturelle.

HUSSERL, *Méditations cartésiennes. Introduction à la phénoménologie*
Traduction E. Levinas et G. Peiffer

Les *Méditations cartésiennes* de Husserl représentent un des textes fondateurs de la nouvelle phénoménologie que Levinas s'employa à faire connaître en France par le biais de la présente traduction.

KANT, *Abrégé de philosophie ou Leçons sur l'Encyclopédie philosophique*
Texte allemand, introduction, traduction et notes A. Pelletier

Comment introduire à la philosophie ? Ou comment donner au débutant une idée d'ensemble et une sorte de carte de la philosophie ? Cette question fit l'objet d'un cours que Kant professa une dizaine de fois, précédant la parution de la *Critique de la raison pure*. Ce cours devait explicitement constituer un *abrégé* de philosophie à l'usage des étudiants, Kant y enseignant à philosopher par son exemple même.

KANT, *Anthropologie du point de vue pragmatique*
Introduction et traduction M. Foucault

L'*Anthropologie* kantienne se penche sur les facultés de l'homme, ses désirs, les différents tempéraments, la physiognomonie. Sensible à l'importance de ce texte pour l'avènement des sciences humaines, Michel Foucault en propose ici la traduction.

KANT, *Critique de la faculté de juger*
Introduction et traduction A. Philonenko

La *Troisième Critique* (1790) est une référence majeure de la philosophie de l'esthétique : Kant y analyse les fondements du goût ainsi que l'expérience du beau et du sublime.

KANT, *Dissertation de 1770*
Texte allemand, introduction, traduction et notes A. Pelletier

Cette dissertation apparaît comme un premier point de convergence entre différentes lignes de pensée, comme la possibilité d'une nouvelle méthode de la métaphysique.

KANT, *Essai pour introduire en philosophie le concept de grandeur négative*
Introduction G. Canguilhem, traduction et notes R. Kempf

À la lumière de Newton, Kant applique aux objets de la philosophie le concept mathématique de grandeur négative, signifiant ainsi aux fondateurs d'une « ontologie » que les concepts les plus subtils n'abolissent ou n'engendrent jamais un existant.

KANT, *Fondements de la métaphysique des mœurs*
Traduction V. Delbos, introduction et notes A. Philonenko

Publiés en 1785, les *Fondements* inaugurent une philosophie de la liberté : Kant y affirme la nécessité d'une morale universelle dont il détermine le principe suprême en formulant l'« impératif catégorique ».

KANT, *La religion dans les limites de la simple raison*
Traduction J. Gibelin, introduction et notes M. Naar
Ce texte précise les intentions en matière de théologie de la *Critique de la raison pure* : une théologie philosophique qui a pour vocation d'analyser les problèmes posés par la religion, tout en restant «dans les limites de la simple raison».

KANT, *Le conflit des facultés*
Traduction J. Gibelin
Espérant réformer l'enseignement universitaire soumis à la censure de l'État, le philosophe se trouve aux prises avec le théologien, le juriste et le médecin, et doit prendre parti dans le conflit entre l'autonomie intellectuelle et l'autorité.

KANT, *Les progrès de la métaphysique en Allemagne depuis le temps de Leibniz et de Wolff*
Traduction et notes L. Guillermit
Ce texte donne à Kant l'occasion d'effectuer une mise au point de sa philosophie critique avec la philosophie dogmatique que continuaient à défendre les sectateurs de Wolff.

KANT, *Logique*
Traduction et notes L. Guillermit
De la logique, Kant estimait qu'elle devait être imposée «au commencement de l'enseignement académique de toute philosophie, [pour] passer du pays du préjugé et de l'erreur au domaine de la raison éclairée des sciences».

KANT, *Métaphysique des mœurs*
Traduction et notes A. Philonenko

    Première partie : *Doctrine du droit*
    Préface par M. Villey
    Cet ouvrage, représentatif d'une certaine forme de théorie du droit, marque une étape décisive dans l'histoire de la science juridique.

    Deuxième partie : *Doctrine de la vertu*
    Ce second volume établit le lien entre les principes moraux et l'expérience, définissant les conditions *a priori* et pratiques de la synthèse de la liberté et du devoir.

KANT, *Observations sur le sentiment du beau et du sublime*
Introduction, traduction et notes R. Kempf
«À la manière d'un observateur plutôt que d'un philosophe», Kant propose une distinction psychologique du beau et du sublime : inspiré par Rousseau, en qui il reconnaît le Newton du monde moral, il admet que les règles morales ne sont pas seulement des conclusions de la raison, mais de véritables affections de l'âme.

KANT, *Première introduction à la* Critique de la faculté de juger *et autres textes*
Traduction et notes L. Guillermit
Outre la *Première Introduction* à la Critique de la faculté de juger, ce volume comprend : *D'un ton grand seigneur adopté naguère en philosophie* et l'*Annonce de la proche conclusion d'un traité de paix perpétuelle en philosophie*.

KANT, *Premiers principes métaphysiques de la science de la nature*
Traduction J. Gibelin
Produit de forces antagonistes primitives, la matière est conçue comme mouvement : Kant en développe une conception dynamique dans une philosophie de la nature qui le ramène aux thèses principales du criticisme.

KANT, *Projet de paix perpétuelle*
Texte allemand et traduction J. Gibelin
Complément politique au système kantien, ce petit ouvrage se propose de rationaliser le projet utopique formulé par l'abbé de Saint-Pierre : en définissant les conditions pour une société de nations fondée sur le droit, Kant espère parvenir à éliminer les causes de guerre. Une ambition qui reste à l'ordre du jour.

KANT, *Prolégomènes à toute métaphysique future qui pourra se présenter comme science*
Traduction et index L. Guillermit
Entre les deux éditions de la *Critique de la raison pure*, Kant publia les *Prolégomènes* (1783), destinés à exposer avec plus de clarté des idées neuves et difficiles et à mieux faire ressortir l'architecture de son œuvre.

KANT, *Réflexions sur l'éducation*
Introduction, traduction et notes A. Philonenko
Lui-même précepteur puis professeur de philosophie, Kant sut unir les leçons de l'expérience et les projets de la raison pour aborder la question de l'enseignement, qui inspirera toute sa philosophie morale et politique.

KANT, *Rêves d'un visionnaire*
Traduction et présentation F. Courtès
Contre l'illuminisme du théosophe Swedenborg, Kant rappelle que la métaphysique est avant tout une science des limites de l'entendement humain.

KANT, *Théorie et pratique. Sur un prétendu droit de mentir par humanité*
Traduction et notes L. Guillermit
La réfutation de l'adage : « il se peut que cela soit juste en théorie, mais en pratique cela ne vaut rien », puis l'examen du problème posé par B. Constant : « est-il permis de mentir afin de sauver la vie d'un ami ? », sont l'occasion pour Kant de réfléchir de façon concrète aux problèmes de la raison pratique.

LEIBNIZ, *Discours de métaphysique*
Édition Lestienne, introduction A. Robinet
Le *Discours de Métaphysique* (1686) présente un abrégé parfait du système leibnizien. L'édition de référence qui en est ici proposée est introduite par A. Robinet.

LEIBNIZ, *Le droit de la raison*
Édition et présentation R. Sève
Juriste de profession, Leibniz a exposé sa pensée juridique et politique dans plusieurs textes épars, lesquels sont ici rassemblés et précédés d'une introduction générale.

LEIBNIZ, *Opuscules philosophiques choisis*
Méditations sur la Connaissance, la Vérité et les Idées (1684), *Remarques sur la*

Partie générale des Principes de Descartes (1692), *De la Réforme de la Philosophie première et de la notion de Substance* (1694), *De la Production originelle des choses prise à sa racine* (1697), *De la nature en elle-même, ou de la force inhérente aux choses créées et de leurs actions* (1698), *La Cause de Dieu* (1710)
Texte latin et traduction P. Schrecker

À travers les textes présentés, la critique de la physique et de la métaphysique de Descartes conduit Leibniz à édifier une philosophie qui, sans renoncer aux acquis du cartésianisme, se propose d'en dépasser les insuffisances.

E. LEVINAS, *De l'existence à l'existant*

Dans ces recherches consacrées au problème du Bien, au Temps et à la relation avec Autrui comme mouvement vers le Bien, Levinas prend pour guide la formule platonicienne plaçant le Bien au-delà de l'être.

E. LEVINAS, *De Dieu qui vient à l'idée*

Cet essai s'efforce d'entendre le mot de Dieu comme un mot signifiant : décrivant les circonstances phénoménologiques de cette signification, Levinas rencontre le visage humain, qui signifie au sens de signifier un ordre ou ordonner.

E. LEVINAS, *En découvrant l'existence avec Husserl et Heidegger*
Nouvelle édition suivie des *Essais nouveaux*

Emmanuel Levinas évoque sa première rencontre avec la phénoménologie et fournit les clés d'une réflexion retournant fréquemment à l'œuvre husserlienne pour y chercher des inspirations.

LOCKE, *Quelques pensées sur l'éducation*
Introduction M. Malherbe, traduction G. Compayré

Dans cet ouvrage pédagogique, Locke défend l'idée que l'éducation concerne autant le gentleman que le citoyen et la nation.

LOCKE, *De la conduite de l'entendement*
Introduction, traduction et notes Y. Michaud

Le présent ouvrage est un texte latéral à l'Essai qui aborde les thèmes majeurs qui ont occupé Locke, tels que la théorie de la méthode, l'art de penser et la logique, et offre ainsi une vision de la pensée en développement et en devenir du philosophe.

LOCKE, *Essai philosophique concernant l'entendement humain*
Introduction, traduction et notes J.-M. Vienne

Seule œuvre publiée de son vivant, l'*Essai* de Locke est aussi l'un des textes fondateurs de l'attitude critique en théorie de la connaissance. Même si l'ouvrage prétend établir des positions intemporelles, il demeure le fruit de son temps, manifestant l'engagement politique et le projet philosophique de son auteur. Traduit une première fois par Coste en 1700, il est ici proposé dans une version française modernisée.

Livres I et II
Livres III et IV, Annexes

MALEBRANCHE, *De la recherche de la vérité*
Édition sous la direction de J.-Ch. Bardout, d'après le texte des *Œuvres complètes*, en français modernisé
Ces trois volumes présentent l'un des écrits les plus fameux de Malebranche. L'auteur y développe en effet sa théorie de l'Ordre et des unions – de l'âme à Dieu, de l'âme au corps, et des hommes entre eux – laquelle nous révèle l'admirable ouvrage de Dieu, nous donnant ainsi accès à l'idée fondamentale de vérité.

> Volume I. *De la recherche de la vérité – Livres I-III*
> Volume II. *De la recherche de la vérité – Livres IV-VI*
> Volume III. *De la recherche de la vérité – Éclaircissements, Réponse à Regis, Annexes*

MALEBRANCHE, *De l'imagination – De la recherche de la vérité. Livre II*
Introduction D. Kolesnik-Antoine
Auteur le plus critique à l'égard de l'imagination, on voit comment, dans ce volume, Malebranche fonde sa théorie de l'imagination sur une conception très personnelle du jeu de la machine corporelle, tiraillée entre physiologie et métaphysique.

M. MERLEAU-PONTY, *L'union de l'âme et du corps chez Malebranche, Biran et Bergson*
Notes de cours recueillies et rédigées par J. Deprun
Dans ces cours de 1947-1948, Merleau-Ponty médite sur l'insuffisance de l'idéalisme intellectualiste et sur la nécessité, pressentie par ces trois auteurs, d'un « primat de la perception » qu'il tentera de théoriser dans sa propre philosophie.

PARMÉNIDE, *Fragments-Poème*
Précédé de *Énoncer le verbe Être* par Magali Année
Le commentaire très original mené ici est résolument linguistique et laisse donc de côté toutes considérations métaphysiques, aussi bien purement ontologiques que logico-ontologiques.

PIERRE DE JEAN OLIVI, *La matière*
Texte latin, introduction, traduction et notes T. Suarez-Nani
Qu'est-ce que la matière ? Cette question fait l'objet d'un vif débat au Moyen Âge, dont Pierre de Jean Olivi a été l'un des protagonistes majeurs. Les textes traduits ici pour la première fois en langue française révèlent la force et la rigueur d'une conception qui fait de la matière non seulement l'assise universelle de toutes choses, mais aussi la condition de possibilité de l'ordre et de l'harmonie de l'univers et de la relation des êtres humains à Dieu.

QUINE, *Du point de vue logique. Neuf essais logico-philosophiques*
Traduction sous la dir. de S. Laugier
Du point de vue logique (1953) expose les principaux enjeux de la pensée de Quine, articulant logique et philosophie. Ce recueil contient notamment *De ce qui est*, dans lequel on a pu lire une nouvelle expression du nominalisme, et le célèbre article contre *Deux dogmes de l'empirisme*, qui récuse la distinction traditionnelle entre analytique et synthétique.

QUINE, *Logique élémentaire*
Traduction J. Largeault et B. Saint-Sernin
Cet ouvrage est à la fois un manuel de logique et une introduction à la pensée de Quine. L'auteur y explique les concepts formels fondamentaux et les symboles, il expose la méthode des tests de validité et des procédures de démonstration et propose une série d'exercices permettant une première initiation à la logique.

QUINE, *Les voies du paradoxe et autres essais*
Traduction sous la dir. de S. Bozon et S. Plaud
Dans ces essais, Quine brosse un tableau complet des thèmes qui ont traversé toute son œuvre: nature et limite de la connaissance, théorie de la signification, critique du conventionnalisme, résolution des paradoxes logiques et sémantiques; détermination de l'engagement ontologique des théories, analyse des problèmes logiques soulevés par les modalités et les attitudes propositionnelles, etc.

P. RICŒUR, *À l'école de la phénoménologie*
Se rattachant au double héritage de la phénoménologie husserlienne et de la philosophie de l'existence, Paul Ricœur esquisse son autobiographie scientifique, présente les principaux tournants méthodologiques de son œuvre et illustre la destinée de l'école phénoménologique en France.

J.-P. SARTRE, *La transcendance de l'ego*
Introduction, notes et appendices S. Le Bon
La *Transcendance de l'Ego* inaugure le travail d'exploration qui aboutira à l'Être et le Néant: Sartre y décrit, dans une perspective husserlienne, le rapport du Moi avec la conscience et insiste sur la portée morale et politique de sa thèse.

SCHELLING, *Les âges du monde (1815)*
Introduction, traduction et notes P. Cerutti
Les *Âges du Monde*, projet qui restera inachevé, dans lequel est dépeint le passé comme temps de contraction première, le temps de l'Être originaire, principe de toute chose, et à partir duquel Schelling va penser les conditions de possibilité d'une science objective, qui s'appuie sur la dialectique, et donc sur l'hétérogénéité de l'être et du penser.

SCHOPENHAUER, *De la quadruple racine du principe de raison suffisante*
Présentation, traduction et notes F.-X. Chenet
Soucieux de clarifier la philosophie, Schopenhauer limite les prétentions métaphysiques du principe de raison et critique les philosophies pré-kantiennes qui n'ont pas su en distinguer les quatre modalités.

SCHOPENHAUER, *Le sens du destin – Spéculation transcendantale sur l'intentionnalité apparente dans le destin de l'individu. De l'Éthique*
Présentation, traduction et notes M.-J. Pernin-Segissement
Schopenhauer évoque dans cet ouvrage l'hypothèse d'un sens métaphysique de la vie, puis d'une interprétation morale du sens de l'existence. Si le premier essai défend un destin individuel, le second tend en revanche à nous enfermer dans le mal de tous.

SPINOZA, *Traité de la réforme de l'entendement*
Introduction, texte latin et traduction B. Rousset
Cet opuscule composé vers 1661 peut se lire comme une introduction méthodologique à l'œuvre de Spinoza : en nous indiquant « la meilleure voie à suivre pour parvenir à la vraie connaissance des choses », Spinoza ne cherche pas tant le savoir que le bonheur, la *vita beata*.

THOMAS D'AQUIN, *Textes sur la morale*
Traduction et commentaire Ét. Gilson, avec un guide de lecture par R. Imbach
Dans le magistral corpus légué par saint Thomas, le médiéviste Étienne Gilson a recueilli les textes qui montrent comment la morale thomiste, dans son effort d'intégrer au christianisme l'idéal hellénique de la vie humaine tel qu'il avait été exposé dans l'éthique aristotélicienne, réunit les représentants de la culture antique et les confesseurs de la foi nouvelle dans un véritable humanisme chrétien.

THOMAS D'AQUIN et BOÈCE DE DACIE, *Sur le bonheur*
Texte latin, introduction, traduction et notes R. Imbach et I. Fouche
L'homme peut-il atteindre le bonheur ? Le peut-il en cette vie ? Grâce à la philosophie ? La mise en perspective des textes de Boèce et Thomas d'Aquin invite le lecteur à s'interroger sur cette quête du bonheur intimement liée à la *contemplatio veritatis*.

WHITEHEAD, *Le concept de nature*
Traduction et préface J. Douchement
Le présent ouvrage est un traité de philosophie naturelle, présupposé de toute physique spéculative, en rupture avec les vues traditionnelles de la philosophie et de la science, marquant une étape décisive dans la réflexion sur le concept de nature.

WOLFF, *Discours préliminaire sur la philosophie en général*
Introduction et traduction sous la direction de Th. Arnaud, W. Feuerhahn, J.-F. Goubet et J.-M. Rohrbasser
Première traduction française, l'ouvrage de Wolff a eu un impact structurel sur la philosophie allemande. Le *Discours préliminaire*, donnant l'architecture et les principes fondateurs du système wolffien, illustre le double enjeu d'une philosophie comprise en un système encyclopédique et source de tout enseignement.